U0092601

不畏浮雲遮望眼

——回首教改來時路

謝淑熙◎著

目錄

功深書味常流露

生命的智慧，生活的經驗，教學的心得，工作的成就，都是經由不斷用心、辛勤努力、無私付出、積極研修及反復歷鍊而得。

一位好老師，具有實力、親和力及影響力，鐵定是認真負責，充滿愛心，任勞任怨，教學相長，終身學習，並能追尋自我，追求快樂，不但已找到自己真正的路，而且是一位幫助學生成長與發展的輔導者。

有願、有緣、終能圓；謝主任淑熙出身教育世家，其父親於桃園縣龍潭國小校長任內榮退，與筆者曾有多年同事之誼，因此，筆者在二十多年前即有緣認識謝主任是位肯上進又傑出的女青年。

謝主任現服務於國立中壢高級家事商業職業學校，平時認真教學及從事研究，卓富心得；經常利用課餘勤於寫作，發表文章，能融會貫通技職教育理論與實務，識見寬宏，析論切要，論述中肯，令人敬佩，尤其值得技職學校行政人員及教師參研精讀。

謝主任由於工作表現傑出，經校長提拔，聘任圖書館主任多年，績效斐然；公忙之餘，連續多年，每年均投稿參加中華民國商業職業教育學會舉辦之教師徵文比賽，年年名列前茅，獲頒獎金及獎狀，殊屬難得。

　　茲於謝主任大作出版前夕，筆者以最興奮的心情，斗膽
應邀為序，特以「功深書味常流露」為題，聊贅數語，表達
衷心敬佩及祝賀之忱，並盼望技職學校有關同仁樂於參考閱
讀。

江文雄　謹識

於中華技術學院

民國 94 年 3 月

不畏浮雲： 溯水進到教育的桃花源

　　浮雲游了過來，遮了望眼；好不容易去了，又來了另塊浮雲，又遮了望眼。遮著遮著，就這樣起起伏伏，過了十多年了，還是這樣的浮游過來，又浮游過去，眼還是遮著。可不只是浮雲的浮游，更像萬千個蜉蝣一般，聚攏了過來，形成新的勢，新的局。這蜉蝣的勢局，可大得令人驚駭，豈止遮望眼，遮望眼又豈能止！

　　不論是浮雲的浮游，還是蜉蝣的聚集，遮住的是一時，遮不住永恆的。權力總讓它歸給權力吧！政治就讓它還給政治吧！沒有抵抗，沒有呻吟，只是默然而悲，只是默然而禱，祈禱著浮游的浮雲散去，祈禱著聚集的蜉蝣，見日而銷融，隨風而羽化，讓天地還給天地，讓教育還給教育。

　　「回首來時路」，這不是「尋向所誌」嗎？我想淑熙就是怕像陶淵明的《桃花源記》寫的「遂迷不復得路」。這基層的聲音，那驕亢的改革者，可有聽否？那像杜鵑般的啼血，可有知否？虔誠地問：那桃花源何在，都可能「迷不復得路」；爾竟敢說已造了一座桃花源，這樣的嗔癡，這樣的我慢，改革的是口號，要得竟是權力！

　　來時路總要看的，總要記的，但不是尋向所誌，而是要生活，要好好的生活！打魚的還其打魚，行舟的還其行舟，到得「暮春三月」，可以「風乎舞雩」，可以「詠而歸」；可以在稻埕(晒穀場)上閒聊，話家常、說興衰；可以彈琴，可以賦詩，可以手之舞之、足之蹈之。教育原來不難，只要有著

受教的心意，就會起了生長；若只是消費的渴求，那當然只是販賣。販賣不是教育，販賣害了教育，這正是台灣當前教育之癌。難治！難治！更可怕的是，大家正努力的朝「販賣」與「消費」的機制，尋向所誌，以為得了路，以為可以入得了桃花源。思之！惻然難已！奈何！奈何！

活是要過的，書是要教的，管他浮雲遮望眼，我們該行舟的還是行舟，我們該捕魚的還是捕魚，我們就像那「晉太元中」的「武陵人」，正「緣溪行」，我們「忘了路之遠近」。浮雲去了，我們望到了「落英繽紛」，「復前行」，行到「林盡水源」。我們期盼自會看到「山有小口，彷彿若有光」，台灣的教育啊！那些號稱改革的人啊！你們且聽聽這基層的聲音！你可曾虔誠默禱，那「彷彿若有光」的桃花源，你可願「捨船，從口入」嗎？

「捨船，從口入」，進了去，浮雲豈能遮望眼，該日明地日明，該月照的月照，「教育」就是如此，該生長的生長！淑熙這本著作，不只是尋向所誌而已，而是那武陵人的漁唱，是那敲扣桃花源山口的響板！我寫這序來和這漁唱、來和這響板！

——乙酉之春孔子紀元二五五六年西元二〇〇五年三月廿一日

林安梧序於元亨居

邱序

　　本校圖書館主任謝淑熙老師家學淵源，文學造詣極為深厚，大學中文系畢業，長期投身教育界，擔任國文老師，作育英才無數。謝主任教學認真，熱忱服務，深受同仁敬重與學生愛戴，教學之餘復兼圖書館主任，並推動師生讀書會活動著有成效。尤其難能可貴的是在繁忙的教學與行政之餘，仍不忘寫作與進修，年前甫獲得國立台灣師範大學文學碩士學位，與中華民國商業教育學會徵文比賽第一名之殊榮，實為教育人員楷模與本校之光。謝主任長期關注教育，見解卓越，發表許多論文，擲地有聲，頗受重視，今將彙集成冊。以「不畏浮雲遮望眼－回首教改來時路」為名出版，一則綴聯殊玉，再放光芒，在則效法北宋王安石籌備詩文之餘不忘關懷國家永會，個人有幸躬逢盛事，倍感殊榮。

國立中壢家商

邱茂城 謹識

民國九十四年三月五日

自 序

　　生時代的輪軸運轉不息，科技的文明日新月異，各種知識的傳播無遠弗屆。人的腦力即將決勝未來，網際網路超越時空。多元化的教育思潮，猶如奔騰的江河水，不斷衝擊著臺灣的未來及莘莘學子的心靈，更加速了教育改革的腳步。德國大哲學家康德強調：「好教育即是世界上一切善的泉源」，的確唯有掌握現在的契機，才能因應未來國際地球村的變遷。

　　在社會結構瞬息萬變的時代裡，盱衡我國的教育制度，脫離不了升學主義的窠臼，使得教育理念偏重智育的灌輸，而忽略了情意的陶冶，再加上西方文化的輸入，出現了許多「轉型期的陣痛」。經濟目標高懸，人文精神的沒落，導致民風頹靡，倫理道德的低落，法治精神的蕩然無存，社會脫序的現象，也衝擊到平靜安穩的校園，使得莘莘學子晨昏誦讀、弦歌處處的學校環境，暴戾之氣甚囂塵上，學生的暴力行為日益增加，甚且染上吸毒的惡習而日漸頹廢，傳統的校園倫理受到嚴重的衝擊與考驗，也為整個國家帶來動盪與不安。為人師表者，對沉痾已久的教育問題，豈能視而不見習而不察呢？

　　面對多元化的社會變遷，百年樹人，厚植國本的神聖大業，不能在抱殘守缺，應該推陳出新，為了因應國際化，資訊時代的來臨，教育部提出終身學習年的白皮書，以臺灣現在的處境，在邁向二十一世紀所將面臨的挑戰為思考基點，並強調未來的社會是終身學習的社會，學校教育要朝「人人有書讀，處處是教室，時時可學習」的目標邁進，以提供更多的學習機會，鼓勵全民追求新知，努力學習，一方面能傳承並延續民族

文化；一方面更能適應多元化時代發展的趨勢，具有現代化國家的人文素養與提昇國民生活品質為鵠的。面對終身學習的潮流，學校教育的願景，將有所變革，因此每位從事教育工作者，應有「今天不去做，明天會後悔」的共識。

教師獻身教育，的確應該有「兩肩負重任，心懷千萬年」的薪傳責任，體察時代的需要，掌握歷史的動向，作前瞻性規劃，來推動終身學習的教育理念，以提昇國民的素質，並且教導學生日知其所無，月無忘其所能，以拓展宏觀的視野，培養開闊的胸襟，發揮團隊合作的精神，以引領國家邁向璀璨光明的二十一世紀。

感謝中華民國商業教育學會每年就教育年會之宗旨，訂定為該年教師教育徵文之主題，筆者平日深受父母、師長之影響，對當前學校教育現況亦頗為關注，並參酌古今中外教育專家之真知灼見與個人之管見，藉諸教育徵文來抒發對高級中等教育之願景與期許，筆者何其有幸，屢次投稿皆僥倖獲獎。筆者能夠一圓出書夢，應該感謝父母的栽培以及提攜我的中華民國商業教育學會秘書長江文雄教授、中壢家商兩位校長——廖萬年校長、邱茂城校長的鼓勵及恩師林安梧教授的諄諄教誨。期盼拙著《不畏浮雲遮望眼－回首教改來時路》能夠拋磚引玉，像北宋王安石一樣，對國家政治有「不畏浮雲遮望眼，自緣身在最高層」之改革信心，也期許自己為推動臺灣學校教育之改革克盡綿薄之力，使各級學校教育成為培育卓越人才，推動國家進步之原動力。

謝淑熙

序於 九十四年三月二十三日

不畏浮雲遮望眼──
　回首教改來時路

一、邁向二十一世紀教育的展望——

落實全民教育與終身學習社會

壹、前言

時代的輪軸運轉不息，科技的文明日新月異，各種知識的傳播無遠弗屆。人的腦力即將決勝未來，網際網路超越時空。多元化的教育思潮，猶如奔騰的江河水，不斷衝擊著臺灣的未來及莘莘學子的心靈，更加速了教育改革的腳步。德國大哲學家康德強調：「好教育即是世界上一切善的泉源」，的確唯有掌握現在的契機，才能因應未來國際地球村的變遷。

我國即將在二年後邁入一個嶄新而多元的二十一世紀，為因應一九九六年聯合國教科文組織推動國際教育改革時、高懸終身教育的理想，在報告書（Delors，1996）中宣示終身學習的四大範圍：學習知識（learn to know）、學習技能（learn to do）、學習與人相處（learn to live together）及學習發現完全的我（learn to be），完成這些範疇的學習，其過程是全面的、持久的，不是侷限在青少年期的養成教育上。[註1] 所以李總統明訂一九九八年為中華民國終身學習年，並且期望全國教師，除了全力推動學校教育改革外，更必須建立終身學習機制，讓每一位國民都能將生活與學習結合，達到「人生即學習」的理念。[註2] 因此教師獻身教育，就應該有「兩肩負重任，心懷千萬年」的薪傳責任，體察時代的需要，掌握歷史的動

向，作前瞻性規劃，來推動終身學習的教育理念，以提昇國民的素質，並且教導學生日知其所無，月無忘其所能，以拓展宏觀的視野，培養開闊的胸襟，發揮團隊合作的精神，以引領國家邁向璀璨光明的二十一世紀。

貳、當前我國教育的問題及其癥結

在社會結構瞬息萬變的時代裡，盱衡我國的教育制度，脫離不了升學主義的窠臼，使得教育理念偏重智育的灌輸，而忽略了情意的陶冶，再加上西方文化的輸入，出現了許多「轉型期的陣痛」。經濟目標高懸，人文精神的沒落，導致民風頹靡，倫理道德的低落，法治精神的蕩然無存，社會脫序的現象，也衝擊到平靜安穩的校園，使得莘莘學子晨昏誦讀、弦歌處處的學校環境，暴戾之氣甚囂塵上，學生的暴力行為日益增加，甚且染上吸毒的惡習而日漸頹廢，傳統的校園倫理受到嚴重的衝擊與考驗，也為整個國家帶來動盪與不安。為人師表者，對沉痾已久的教育問題，豈能視而不見習而不察呢？

行政院長蕭萬長院長語重心長的呼籲國人說：「在世紀交替之際，培養青年人才是厚植國力根本，更是強化國家競爭力的必要條件，而為青年開拓自由揮灑的天空，迎向下一個世紀的競爭，是當前政府與民間所以必須全力以赴的工作。」(註 3)這一段發人深省的言論，猶如當頭棒喝，值得國人深思與警惕。

參、邁向新世紀，落實全民教育與終身學習社會的方向與任務

面對多元化的社會變遷，百年樹人，厚植國本的神聖大業，不能在抱殘守缺，應該推陳出新，為了因應國際化，資訊時代的來臨，教育部提出終身學習年的白皮書，以臺灣現在的處境，在邁向二十一世紀所將面臨的挑戰為思考基點，並強調未來的社會是終身學習的社會，學校教育要朝「人人有書讀，處處是教室，時時可學習」的目標邁進[註4]，以提供更多的學習機會，鼓勵全民追求新知，努力學習，一方面能傳承並延續民族文化；一方面更能適應多元化時代發展的趨勢，具有現代化國家的人力素養與提昇國民生活品質為鵠的。面對終身學習的潮流，學校教育的願景，將有所變革，因此每位從事教育工作者，應有「今天不去做，明天會後悔」的共識。茲參酌教育部林清江部長在立法院的教育工作報告為藍圖及個人的管見，來敘述迎向二十一世紀，落實全民教育與終身學習社會的方向與任務如下：

一、實施多元化入學方式，以暢通升學管道。

國民中、小學教育是我國各級學校教育的主體，也是目前問題較嚴重的教育階段，因為國中教育發展不正常，直接影響到高中以上教育的良窳，當前最急切的改革方針就是要落實五育並重的正常化教育[註5]。因此為貫徹正常化教學，以紓解升學壓力，解除聯考的桎梏，教育部在八十七年七月四日公布「高級中學多元化入學方案」，其內容比目前的聯招制

15

度更公平、更科學、更符合教育功能的目標，就是以國中學生基本學力測驗，取代傳統的聯招方式，並且與歷年來實施之推薦甄選、保送甄試、自願就學輔導、申請入學……等方案，構成多元化入學方式，以全面暢通升學管道。

在技職院校方面，除原有的聯招、技藝優良學生甄試保送、學業優良甄試保送……等多元化入學方式，未來將配合高中、高職、五專多元化入學方案之公布，逐年辦理推薦甄選，而一般大學院校，也將依此方式來辦理，為配合教育改革整體規劃，教育部以函請大學招生策進會研議自九十學年度起實施大學入學採考招分離制度。為了邁向終身學習社會，所以各級學校升學管道均須放寬，以減少學生升學的壓力，進而落實五育並重的正常教學方式。^(註6)

二、規劃辦理回流教育，以提昇國民素質。

「回流教育」（recurrent education）顧名思義就是「學校教育不一定要以直達方式一次完成，人們有權利在人生任何階段，以全時或部份時間完成其所需要的教育。接受學校教育機會人人平等，應當向全民開放，而且允許分段進行，累積完成。」所以教育部林清江部長指出終身教育是學習社會的特質，在學習社會中不只是有某些人接受教育，或大家接受基本的教育，而是人人都在不斷的學習中求進步^(註7)，這也是說明人生於世，要活到老，學到老，培養國際觀及地球村的知識，以順應世界潮流的變遷與國際地球村的生活。

我國政府為配合社會的需求，已經興辦了國民中小學程度的國民補習教育、成人識字教育、空中專校、空中大學、

大專院校的推廣教育。目前為了因應回流教育的長程目標，
並且開拓各種就學機會，於是教育部八十七年四月研訂「建
立高等教育回流教育體系實施方案」，將擴大研究所在職進修
管道，辦理大學推廣教育學分班，開辦社區學院……等方案，
以提供在職人員回校再參與學習的機會。將來此種制度建立
之後，將可提供離開學校的每一個人都有參與高等教育的機
會，以提昇國民的素質。

三、落實網路遠距教學，以達成終身學習之理念。

電腦網路包括區域網路、廣域網路、校園網路、都會網
路、網際網路……等，運用電腦網路可以公告訊息、共享軟
體、傳輸資料以及進行網路會議；而網際網路（Internet）的
發展，則是普及電腦的主要動力。網際網路自一九九三年開
始興起，至今短短的數年間，猶如雨後春筍般蓬勃的發展。
網際網路的全球資訊網可以傳送文字、聲音、影像、動畫等
多媒體資料，不但縮短了時空的距離，更使知識的傳播無遠
弗屆，不斷出現的各種網路網站則是最豐富的社會教育資
源。(註8)

整合性的資訊系統，有著融合教育與生活的能力。遠距
教學的普遍與網路通信的發達，使得學者不一定需經由傳統
的學校教育習得所需的知能。在跨世紀的教育改革過程中，
我們預期教學的方法及學生學習的方式，將會隨網際網路的
日新月益而改變。例如：利用網路傳遞訊息，利用虛擬實境
（VR）讓學生作身歷其境的感受……凡此種種都會使得現行
的教育系統產生極大的變化。而電子郵件的使用，可以互相

傳遞文字、聲音、影像……等，不僅可以寓教於娛樂，更可以達到「寓教於生活」的目的，這種可以預見的變化，將使得社區化的學習更為普遍，以落實遠距教學的目標，及滿足全民終身學習的需求。[註9]

四、落實教師進修管道，以提昇教師專業知能。

教育的成敗，實繫於教師的良窳，所謂「良師興國」，洵非虛言。終身教育（life long education）與終身學習（learing through life）已經成為我國邁向二十一世紀的教育發展主流，而推動此目標的原動力就是教師。在多元化的時代裡，每位為人師者，不可以墨守成規，應該要以「苟日新，日日新，又日新」的態度，不斷的持續進修，以迎接二十一世紀的挑戰。

在傳統的學校教育中，每位教師所扮演的角色就是將「知識、技能、情意」三方面的知能傳遞給學生。但是終身學習的範疇是以永續教育或終身教育的理念為主軸，教學工作應該跨出教室，延伸到更廣的學習社會，因此教師的角色是多元性與生活性的、教師是「學習的促進者」、「學習方法的專家」、「知識的經紀人」、「資源的指南」……等角色。[註10]並且要結合家長、專業人士及社區的力量來推動教育的發展。在教學內容上，更是包羅萬象，舉凡基本的教育專業知能、通識教育知能外，也包括了生活、休閒、經濟、社會……等知能。

所以一位教師如果僅以過去所學的知識來教導現在的學生，去適應未來的生活，將無法達成教學專業的要求，也無法符合教育實際的需要。[註11]因此在多元化的教育功能引導

下，每位教師，除了以「經師」自我期許外，更應負起「人師」的責任，修養完美的人格以表率群倫，更應該把握終身進修學習的機會，來充實自我的專業知能，進而提昇教學的品質與學習社會的建立。

五、加強人文教育，以落實心靈改革的目標。

目前我國已走向網路化、電子化、數位化的高科技社會，尤其是網路的推出更實現了遠距教學的夢想，在人人會電腦，個個會上網的目標下，電腦走入了家庭、學校及社會，未來更將成為人類相互溝通與資訊流通的主要工具。例如：「盜用信用卡帳號、密碼」、「軍火教父」、「色情網路」等病態網路尤期市色情網路的氾濫，使得涉世未深的青少年趨之若鶩，不僅戕害青少年的心靈，也使得社會犯罪率節節昇高，形成社會最大的隱憂。

國父說：「有道德始有國家，有道德始成世界。」先總統蔣公更昭示倫理應為民主與科學的基礎，都是闡明人文精神足以指引科學發展的方向，更進一步說明在發展科技文明時，必須重視人文教育的價值。人文教育就是一種生活態度、人生觀及人格修養的教育；目的在陶鑄人文精神、培育人文素養。基本人文主義教育涵蓋了文學、哲學、歷史、美學等方面的課程。在教學方法，應著重創造力的啟發、經驗的學習以及情意的陶冶，其最終的目的，是達到個人自我之實現，使個人更富人性化，以增進人際關係。[註 12] 因此為導正資訊教育所帶來負面的影響，加強人文教育，的確是陶冶學生人文素養及淨化心靈的良藥。

19

六、推動社會通識教育，以倡導全民讀書風氣。

依據我國的社會教育法，所訂的社會教育範圍包括成人教育、家庭教育、文化教育、藝術教育、大眾科技教育、交通安全教育、圖書館教育、博物館教育、視聽教育等九項。其主要目的，在於發展全人教育及終身教育。由於一般人對於社會教育的認知模糊，大家仍停留在坐而言，而不知起而力行的階段。因此加強社會通識教育，乃是邁向終身學習社會必經的途徑。

其次，大眾傳播媒體對導正社會風氣也具有重要的功效。各種傳播媒體所傳播的新聞及娛樂節目，乃至於廣告，無論是用聲光文字畫面，在表達方式所作的安排，應該審慎處理，不可以譁眾取寵，而破壞了社會秩序。因此大眾傳播媒體，應該本著仁愛心宣揚主題正確的節目，以端正社會風氣。並且應該多傳播「書香文化」，推動「書香社會」，以落實「心靈改革」提昇「生活品質」的目標。

要如何推動書香社會，以倡導全民讀書風氣呢？首要之途就是要在各社區廣建圖書館及加強圖書館軟體設施，如果圖書館資料全面電腦化，使讀者借書還書、查閱資料，都能節省時間。圖書館蘊藏了國家豐富的文化資源，所謂「大漢文章出魯壁，千秋事業藏名山」正說明了圖書館是發展文化傳播知識及推動社會教育的基石；「人生也有涯，而知也無能」，為了落實終身學習社會的目標，圖書館更是指導全民研究學問的最佳場所，及倡導全民讀書風氣的原動力。

七、建立學生輔導新體制，以啟發學生的潛能。

成長中的青少年，其人格與行為的發展乃現代社會特性的反映。學校教育是家庭教育的延伸，也是莘莘學子們學習各種知識，培育健全人格，發展良好人際關係的重要場所。而校園裏諄諄教誨學生的師長，猶如家庭中的父母，要以適時、適性、適切的方法，來引導學生發揮人格特質，以開創自己光明的未來。建立教學、訓導、輔導三合一之學生輔導新體制，乃是落實當前終身學習社會的教改行動方案之一，其主要的目的是期勉每位教師在輔導學生的行為上，要本著預防重於治療的教育理念，配合學校行政組織的彈性調整來因材施教，使教材、教法生動活潑化，以激發學生的學習興趣，引導學生主動學習。並且要結合社區資源，建構學校輔導網路，為學生統整規劃一個更為周延的輔導服務工作，以啟發學生的潛能，進而開創自己光明的前程。

八、推展家庭教育，以強化終身學習的功能。

大學上說：「家齊而后國治」，美國前第一夫人芭芭拉也高聲疾呼：「國家的前途，就在你們的家裡。」說明了透過健全的家庭組織，才能孕育出身心健全的子女，進而諦造富強康樂的國家。因此每一位時代女性，應該多讀書以充實自己的內涵，並且應該肩負起培育民族幼苗的重責大任，讓下一代在良好的情意教育（EQ）栽培下，獲得身心健全的發展，進而提高全民的生活品質，創造淳厚善良的社會風氣。

家庭是每一個人成長的搖籃，更是終身學習教育的最佳

場所。因此推展家庭教育的主要目標，就是要加強宣導家庭
的教育理念、提昇家庭教育人員的專業知能，研發優良教育
課程，並且要推動家庭教育法制，以建立完整的家庭教育體
系^(註 13)，並且協助父母扮演正確的角色，要以愛心、耐心、
細心來關懷、管教子女，培養子女從小就具有終身學習的理
念，進而養成參與學習的好習慣，以增進生活知能。

肆、結論

　　在邁向二十一世紀多元化的時代，未來的臺灣、無論是
國家競爭力的提昇、社會的和諧凝聚，自然環境的永續發展，
人民素質的提昇和生活品質的改善，成功關鍵都在教育^(註 14)，
因此學校教育的發展，應該朝著「推展終身學習、建立學習
社會、落實教育改革」的目標邁進，並且要與家庭教育、社
會教育相輔相成，以集體力量來改造教育環境。美國歷史學
家亨利、亞當斯說：「只要懂得如何學習，就有足夠的知識。」
知之深，不如行之著，因此人人都要不斷的學習，點燃知識
的火炬，努力充實自我，讓終身學習年的願景，在每個人的
身上綻放出美麗的花朵。

　　李總統登輝先生期勉全國教師：「期望藉由教育內涵的調
整，使教育功能與時俱進，成為驅動社會進步，厚植國家實
力的泉源。」因此每位教師應該將終身學習的教育方針，落
實在自己的專業知能上，並且要發揚孔子「有教無類」、「因
材施教」的教育理念，來加速教育革新的腳步，使終身學習
的目標，向下紮根，向上發展，進而塑造二十一世紀一個政
治民主、富而好禮的文化大國。

附註：

1. 見楊家興「終身學習與教學科技的應用」，教學科技與媒體，第四十一期第九頁，一九九八年十月十五日出版。

2. 見劉依潔「國際終身學習學術研討會」，社教雙月刊地五四頁，一九九八年四月出版。

3. 見蕭萬長「跨世紀領袖展現研討會」演講詞，國語日報，八十六年十二月十四日，第一版登載。

4. 見楊家興「終身學習與教學科技的應用」，教學科技與媒體，第四十一期第 11 頁，一九九八年十月十五日出版。

5. 見李建興「展望教育的新紀元」，教育與人生，三民書局，第 326 頁。

6. 見楊家興「終身學習與教學科技的應用」，教學科技與媒體，第四十一期第九頁，一九九八年十月十五日出版。

7. 同註六，第 10 頁。

8. 見侯志欽「新傳播科技與社會教育」，社教雙月刊第十五頁，1998 年 4 月。

9. 見王建華「教學媒體的發展趨勢」、社教雙月刊第六頁，1998 年 4 月。

10. 見羅清水「從終身學習論析高職教師專業發展的理念與策略」，技職雙月刊，第四六期，第七頁，87 年 5 月 25 日。

11. 見教育部林清江部長 87 年 9 月 24 日向立法院工作報告重點臺灣省教育通訊 105 期，第 2 頁。

12. 見陳立夫「孔孟學說與人文教育」，人文教育，第 12 講，第 6 頁。

13. 見教育部林清江部長 87 年 9 月 24 日向立法院工作報告重點臺灣省教育通訊 105 期，第 2 頁。

14. 見行政院教改會諮議報告書，天下雜誌，1998 年教育特刊，第 248 頁。

二、邁向新世紀的教育發展——發揚人文精神與提昇生活品質

壹、前言

　　橫邁古今，跨越西東，學習的天空，是無限的寬廣，兩千多年前，孔子以「有教無類，誨人不倦」的精神，引領莘莘學子開啟學習的門扉，進入知識的堂奧，化育三千學子，成就七十二高徒，更樹立了以儒家思想為主流的中華文化。時代的輪軸運轉不息，國際化、資訊化的時代翩然來臨，多元化的教育思潮，也隨著日新月異的科技文明，深深牽動著臺灣的未來。聯合國教科文組織主席狄洛（Jacques Delors）說：「當人類面臨種種未來的衝擊，教育不可避免的成為人類追求自由、和平與社會正義最珍貴的工具。」[註1] 這的確是深中肯綮的言論，正說明了教育是推動社會進步的原動力。

　　在邁向現代化的過程中，中華民國在臺灣締造了政治民主、經濟繁榮的豐碩成果 。但由於社會結構的轉變，工商業的發達，功利主義思潮的激盪，好逸惡勞的風氣充斥整個社會，以財富作為生活目標的價值取向，導致人文精神的沒落，法治精神的日漸式微，社會脫序的現象，也衝擊到平靜安穩的校園，青少年學生已失去純真善良的本性，暴戾之氣甚囂塵上，青少年犯罪案件也日益增加，使得傳統的校園倫理受到嚴重的衝擊與考驗，這的確是值得我們痛下針砭的教育問

題。

　　「這是最好的時代，也是最壞的時代；這是智慧的時代，
也是最愚蠢的時代」。[註2] 這句名言足以發人深省。今天台灣
既已締造了既庶且富的社會，所以我們欲挽救頹靡的人心，
來建立一個富而好禮的文化大國，當務之急，乃是要實踐力
行　李總統昭示國人的：「推動心靈改造工程，希望從教育、
文化的層面著手，喚醒我們心靈深處的善性，進而提升精神
內涵，重建社會倫理。」[註3]，因此每位為人師表者，應該有
「兩肩負重任，心懷千萬年」的薪傳責任，體察時代的需要，
掌握社會的現況，來推動心靈改革教育，使今後我國教育的
發展，能夠往下紮根，向上結果，一方面能發揚儒家傳統的
人文精神，以匡正人心、改善社會風氣；一方面能適應國際
化、資訊化的時代，以培育具有宏觀視野、獨立思考、合群
互助、身心健全，成為全方位能力的時代青年，進而引領國
家邁向璀璨光明的二十一世紀。

貳、邁向新世紀，多元化教育的方向

　　回顧並檢討政府在台灣五十多年來的教育政策與教育建
設，雖然在質與量方面均有顯著的成果，但仍有許多亟待解
決的問題存在。教育功能的逆文化取向，導致倫理道德的低
落與社會價值觀的偏頗，青少年學生受到此種意識型態的污
染，以致校園暴戾事件層出不窮，尊師重道的思想已日漸式
微，學生越軌的行為日增其界面與縱深，由觸犯校規而至於
犯法犯罪，這的確是不容我們掉以輕心的教育問題。

　　在邁向二十一世紀資訊發達的多元社會中，當台灣的教

育改革方興未艾，而地球另一端的澳洲，也正進行著強調活用知識的能力導向教育改革，因此澳洲教育部長盧比（Alan Kuby）說：「未來是一個資訊化的社會、資訊化文化、資訊化工作的時代，如果人民沒有閱讀和溝通的能力，沒有團隊合作的能力，如果人民不能學習、再努力，就沒有通往工作的管道，也沒有通往文化的管道。而政府的責任就是認知這個大趨勢，並且設法讓民眾有興趣不斷學習。」[註4] 這一番語重心長的言論，猶如當頭棒喝，值得國人深思與警惕。

在因應未來更具開放性的社會發展趨勢，革新我國當前教育的缺失，乃是推動國家進步的原動力，學校為復興中華文化的精神堡壘，學校為改造社會的主導力量。[註5] 因此每位從事教育工作者，對於百年樹人，厚植國本的神聖大業，不能再抱殘守缺，應該未雨綢繆作前瞻性的規劃，來推動教育的革新，以迎接二十一世紀的來臨。茲述邁向新世紀，多元化教育的方向，如下：

一、加強社會教育，以導正社會風氣

加強社會教育與學校教育，同樣是推行文化建設的根本工作。我國憲法第一五八條規定：「教育文化，應發展國民之民族精神、自治精神、國民道德，健全體格與科學及生活智能。」因此，導正社會價值觀的重點，不僅要加強社會教育，從推行「國民生活須知」及國民禮儀範例著手，以端正社會人心，改善國民生活習性，更需要提倡善良風俗與公正輿論，使人人只見一義，不見一利，義之所在，悉力以赴，毫無反顧，以發揚固有文化與民族正氣。

其次，大眾傳播媒體對導正社會風氣也具有重要的功效。各種傳播媒體所傳播的新聞及娛樂節目，乃至於廣告，無論是用聲光文字畫面，在表達方式所作的安排，即為社會大眾造成了一種價值觀，所以應該審慎處理，不可以譁眾取寵，而破壞了社會秩序。因此大眾傳播媒體，應該本著仁愛心宣揚主題正確的節目，以端正社會風氣。並且應該多傳播「書香文化」，推動「書香社會」，引領全體國民走進浩瀚無邊的書香世界中，以淨化人心，移風易俗，重振文化大國之美譽。

二、落實人文教育，以重建校園倫理

人文精神是中華文化的支柱，更是維繫倫理道德的基石。我們中國自孔子以來的歷代先哲，都重視「以人為本」的教育思想。所謂「人文教育」就是一種生活態度、人生觀及人格修養的教育；目的在陶鑄人文精神，培育人文素養。[註6]所以為人師表者應該發揮愛心與耐心，教導學生成為一個身心健全的時代青年。並且重視學生的人格與尊嚴，了解學生的興趣與個別差異，因材施教、循循善誘，使學生在充分感受教師的尊重與關懷之下，作最有效的自我學習，以發揮自己的天賦才能，追求完美的生活，進而實現創造自我、服務他人的理想。

要改善現代社會人心庸俗、功利等特徵，以及挽救文化斷層的危機，首先就應該重視古典文學往下紮根的重要性，給予學生豐富且純正的文化薰陶，以美化人生，進而促進五育的均衡發展，以達成培育健全人格的目標。其次各級學校

應加強有關民族精神、倫理觀念與民族文化方面的課程，引
導學生認識儒家思想的精髓，重新塑造傳統文化的價值觀，
為每一個中國人尋找安身立命的地方，進而恢復民族的自尊
及自信心。

三、落實民主法治教育，以提昇國民素質

　　民主法治教育是生活教育的根本，因此各級學校首先要
加強公民與道德教育，強化生活與法治的重要性，及法治觀
念的宣導，使學生了解要以「守信」來發揮政治的道德精神，
以「守法」來保障民主的精神，以「守分」來確定自由的分
際，使政治、經濟和社會以及人民的生活，均能在政局穩定、
國家安全的軌道上運行，以提昇學生對法律常識的認知能
力，期能經由學校民主法治教育的落實，以匡正時弊，進而
提昇國民素質；並且了解選賢與能的道理，使人盡其才，為
國家社會竭智盡忠，建設安和樂利的社會，以奠定憲政的良
好基礎。

　　其次要推展誠實教育，為人師表者，要師法孔子「以身
教者從，以言教者訟」的精神，除了以「經師」自我期許，
更應負起「人師」的責任，以身作則，教導學生不說謊、不
取巧，誠誠實實的做人，光明正大的做事。對學生說謊不誠
實的行為，也應該適時加以糾正。學校的行政措施，應該公
開、公平，如此才能建立校園誠實文化，進而培育光明磊落、
健全優秀的好國民。

參、實踐心靈改革，以發揚人文精神、提昇生活品質

「風俗之厚薄奚自乎？一二人心之所嚮。」環顧國內社會的發展，功利之風猖獗，民俗奢華怪誕，社會犯罪率節節昇高，大眾生活普遍缺乏安全、祥和及尊嚴。而現階段的學校教育發展，受到「升學掛帥」、「知育第一」的影響，只重知識的傳授，而忽略了學生品格的陶融和文化的涵養，傳統禮教流於形式，以致學生心靈閉鎖而短視，犯罪問題層出不窮。因此李總統語重心長的呼籲國人說：「從心靈改革做起，透過教育改革、社會改造等途徑，健全社會體制，展現社會公義，重建社會祥和。」[註7]的確，心靈改革工作，是重建校園倫理及促進社會祥和的原動力，更是挽救頹靡人心，刻不容緩的要途。

在因應未來更具開放性與多元化的社會發展趨勢，我們應該通過教育的革新，引領全國國民進入傳統優良文化的領域，給他們倫理道德的涵養，並且開啟儒家思想精髓的堂奧，重新塑造中華文化的價值觀，以達成實踐心靈改革的教育目標。茲述如何落實心靈改革，以發揚人文精神，提昇生活品質之管見，如下：

一、落實儒家倫理道德教育，以重建校園倫理

社會結構的重組，人們價值觀的改變，尤其是倫理觀念的淡泊，更使人慨嘆世風日下，人心不古，所以加強儒家倫理道德教育，不但可以使家庭和諧、重建校園倫理，並可以健全青少年的人格，消弭青少年犯罪問題。

　　落實儒家倫理道德教育，應該將倫理與道德涵泳於日常生活中，除了理論的灌輸外，更應該重視潛移默化的重要性，例如：學生從研讀四書中，可以教導學生「修己善群，居仁由義」之理，進而成為「見利思義，博施濟眾」的君子。在教材方面，應該由教育廳（局）請專家學者將艱深的古籍重新加以整理，且以現實生活作直接的編譯，使學生由認知層次，提昇為篤實踐履，以培養青少年健全的人格，消弭青少年犯罪問題，進而重建校園倫理。

二、提倡正確的休閒觀念，以落實心靈改革的目標

　　休閒教育在我國傳統教育內涵中，佔有非常重要的地位，例如；《論語》中記載；「志於道，據於藝，依於仁，游於藝。」（述而篇），《禮記‧樂記篇》上也說：「安上治民，莫善於禮；移風易俗，莫善於樂。」可見自古以來，中國人即把休閒教育和個人修身養性以及社會教化結合為一。因此在今日物質文明發達，而暴戾之氣高漲的時代中，為使青少年學生在課餘身心能夠得到均衡的發展，不致涉足不良場所，學校必須與家庭密切聯繫，輔導學生課外生活，透過休閒教育的薰陶，以培育身心健全的國民。

　　健全的體魄，寓於健全的心靈，首先在靜態方面，如：可經由藝術、文學、音樂等交流活動，以陶冶心性，充實生活內涵，增加生活情趣。動態方面，可以走出室外，接觸大自然，藉著登山、郊遊、旅行——等活動筋骨，擴展視野，嘯傲於青山綠水間，可以滌盡煩憂，學習山的包容與海的豁達，進而使身心保持平衡，情感與理智得到和諧發展，重新燃起奮發向上的生命力，以開創人生的光明面。

三、加強輔導工作，以培育自尊尊人的青少年

青少年正處於青春期、狂飆期，往往從父母、師長及同學的肯定中，找出自己的 定位，而自己與同學的關係，更是他們所重視的，所以他們渴望被了解、受重視，卻不願受到過多的保護與束縛，因此在情緒上常有失控的現象。益之以辨別是非的能力薄弱，血氣方剛，好勇鬥狠，因此比較容易發生暴力行為。所以在輔導學生問題時，不可忽略師生互動的空間，應考慮個體所處的環境與心態的差異。[註8]因材施教，可以掌握學生的動向，給予諮商並協助其改過自新，以減少青少年的犯罪率。

教師深入探討學生問題的癥結所在時，應充分發揮輔導功能，注重機會教育，循 循善誘，不可一味責罰，要顧及學生的自尊心，使他們了解「形象是客觀的，印象是主觀的」真諦，並且培養「欣賞別人，看重自己」的襟懷，進而建立兩性之間良好的互動模式，彼此互相尊重，分工合作，以開創未來和諧的社會環境。

四、落實「有教無類」、「因材施教」的教育理念，以促進教育機會均等

教育的成敗，實繫於教師的良窳，所謂「良師興國」，洵非虛言。為人師表者，除了以「經師」自我期許外，更應負起「人師」的責任，修養完美的人格以表率群倫，充實自我的知識，以啟迪學生，並且要發揚至聖先師教育理念，以犧牲奉獻、無怨無悔的精神，循循善誘學生，使他們邁向人生

的光明面。

如何落實「有教無類」、「因材施教」的教育理念呢？首先要貫徹國中常態編班落實正常教學的理念，以突破升學主義的窠臼，注重五育均衡發展的教育，使教材彈性化，評量多元化，實施適性而有效的教學法，不可一昧揠苗助長。在高中高職方面，要以多元化的升學管道，使所有學生不論上智或下愚都能受到適性的發展，進而確立正確的人生觀，[註9]其次要激發學生多樣化潛能，在現代多元化的社會裡，學生的思想行為，已不是我們成人以平常心就可以判斷的，因此教師要實施因材施教，注重學生的個別差異，發掘出學生的天份，並且要鼓勵學生發揮所長，以彌補自己的缺點，進而發展出健全的人格。

肆、結論

中研院李遠哲院長說：「國家到二十一世紀能否走在前面，關鍵就在教育能否好好培養國民。」的確，在科技文明日新月異的時代裡，祥和的社會，必須植基於群己之間的關懷與尊重，關心社會，更是心靈改革的磐石。因此在教育目標上不能只偏重知識的傳授，而要提昇國民的素質，拓展宏觀的視野，以培養胸襟開闊、自尊尊人，以及具有解決問題和適應未來社會能力的優秀國民。[註10]

教育是百年樹人的興國大計，也是民族精神文化的標竿，負有綿延發皇文化傳統 與推動國家進步的神聖使命。李總統昭示國人說：「文化的復興與社會的再造正在我們鍥而不捨的努力下逐步實現。今後我們當繼續致力於倫理道德的重

整與社會風氣的改善，培養國人優雅的文化氣質與敦厚的倫理觀念。」[註11] 因此每位教師應負起匯聚人文教育的清流，洗滌功利主義的污染，以端正社會風氣；發揮生命共同體，傳承民族文化，以落實心靈改造的目標，使人文教育向下紮根，由上發展，來化民成俗，以培育現代國民具有「放眼天下，關懷全體人類」的恢宏氣度，進而推動國家各項建設，共同塑造二十一世紀——一個政治民主，富而好禮，社會祥和的文化大國。

附註：

1. 見許芳菊譯「聯合國教育宣言——教育，最後理想國」，天下雜誌一九九六年度特刊，第二二四頁。
2. 見狄更斯「雙城記」。
3. 見李總統登輝先生「改造心靈，以愛圓夢」，中等教育，第四八卷，第三期。
4. 見許芳菊「澳洲教育政策——關鍵能力，啟動未來」，天下雜誌第一七八期，第一六六頁，一九九六年三月一日出刊。
5. 見故總統蔣經國先生嘉言。
6. 見李建興「展望教育的新紀元」，教育與人生，三民書局，第三三四頁。
7. 見李總統八十六年全國好人好事表揚大會演講稿，國語日報八十六年十一月十六日。
8. 見林微微「鄭石岩教授——談師生互動的空間」，國語日報第十三版八十一年三月六日。
9. 見教育廳長陳英豪先生：「發展精緻教育，培育優秀國民」一文第三頁。
10. 同註九。
11. 見李總統登輝先生八十一年國慶文告。

三、落實教育改革以促進國家發展

壹、前言

　　社會的變遷與時推移，科技的文明日新月異而通往未來安定繁榮之鑰的教育[註1]，更是推動國家進步發展，增進人民福祉的基石。誠如美國教育家杜威（J.Dewey）在〈教育與社會變遷〉一文所說「學校的確能夠決定未來的社會秩序，所以現在的問題已經不是學校應否創造未來社會，而是學校如何負起責任，秉具最高的智慧創造未來的社會」這段深中肯綮的言論，正說明了教育是推動社會進步的原動力。

　　李總統登輝先生盱衡我國當前的教育制度，並且痛陳其缺失－學校制度缺乏彈性、社會過度重視文憑與升學主義、扭曲教育的健全發展[註2]，這的確是值得我們痛下針砭的教育問題。面對多元化的社會變遷，教育的興革，經緯萬端，錯綜複雜。因此，從是教育工作者，應該博采眾議，以前瞻性的規劃來推動教育的改革，不僅要推陳出新，更應該以國家的教育宗旨為藍圖，本國的傳統文化為依歸，配合社會發展的現況，順應世界潮流的趨勢，體察當前國情的需要[註3]大刀闊斧地加速教育改革的腳步，以培育青年學生具有宏觀的視野，獨立自主的創造思考力，發揮團隊合作的精神，進而建設一個富而好禮的文化大國，以引領國家邁向璀璨光明的二十一世紀。

貳、學校教育改革的方向與任務

環顧當前我國社會的發展，經濟目標高懸，價值體系低俗，人文精神沒落，怪力亂神迷惑人心，導致民風頹靡，倫理道德的低落，法治精神的蕩然無存，社會脫序的現象，也衝擊到平靜安穩的校園，使得莘莘學子晨昏誦讀、弦歌處處的學校環境，暴戾之氣甚囂塵上，傳統的校園倫理也受到嚴重的衝擊與考驗。

中研院李遠哲院長語重心長的呼籲國人說：「當前我國社會重形式不重實質，重學歷不重學力，重考試不重學習的惡習，這些惡習表現在社會中，就是文憑主義；表現在官場上，就是形式主義；表現在考試過程中，就是升學主義，而三大主義聯貫起來，則形成了整體社會文化揮之不去的功利主義色彩。」這一段發人深省的言論，猶如當頭棒喝，值得國人深思警惕。

為了因應國際化，資訊化的時代的來臨，多元化的教育理念－人本化、民主化、多元化、科技化、國際化，已成為近年來世界各國推動教育改革的目標。從師資培育的多元化，聯考方式加入推薦甄選入學，各級學校學制的彈性擴大，到鼓勵民間辦學和教科書編輯的開放……等，可見朝野上下對於教育的改革，已有「今天不去做，明天會後悔」的共識。茲述高級中學教育改革的方向與任務如下：

一、加強人文教育，以陶冶學生人文素養

國父說：「有道德始有國家，有道德始成世界。」先總統

蔣公更昭示倫理應為民主與科學的基礎。都在闡明在發展科技文明時，必須重視人文教育的價值。人文教育就是一種生活態度、人生觀及人格修養的教育；目的在陶鑄人文精神、培育人文素養[註4]基本上人文主義教育涵蓋了文學、哲學、歷史、美學等方面的課程。在教學方法，應著重創造力的啟發、經驗的學習以及情意的陶冶，其最終的目的，是達到個人自我之實現，使個人更富人性化，以增進人際關係[註5]。

為人師表者應該秉持著「經師」兼為「人師」的古訓，發揮愛心與耐心，教導學生成為一個身心健全的現代國民；重視學生的人格、尊嚴，了解學生的興趣與個別差異，因材施教，循循善誘，使學生在充分感受教師尊重與關懷之下，作最有效的自我學習，體認自己進學校求學的目的，也正是要學習做一個光明磊落、品德完美、獨立不移，而通達事理的人，學習犧牲奉獻，並且要尊師敬長，更要秉持師長的教誨，繼續努力，將所學回饋給社會國家。

二、實施適性教育，以啟發學生潛能

成長中的青少年，其人格與行為的發展乃現代社會特性的反映。學校教育是家庭教育的延伸，也是莘莘學子們學習各種知識，培育健全人格，發展良好人際關係的重要場所。而校園裏諄諄教誨學生的師長，猶如家庭中的父母，要以適時、適性、適切的方法，來引導學生發揮人格特質，以開創自己光明的未來。

因材施教，可以掌握學生的動向，善用輔導技巧，使教材、教法生動活潑化，以引發學生的學習興趣，「天不生無用

之人」，因此教師教導學生的重要目標，就是使「人盡其材」
鼓勵學生發揮自己的特長，不以成績分數的高低衡量學生的
成就，幫助學生了解自己，建立自信心，並且強調人的可貴，
在於肯定自己，我是我，你是你，他是他，除了你自己，沒
有人能做你的詩，你也不能做別人的夢，所以生命第一步要
認清自己，了解自己本身的優缺點之後，再肯定自己，發揮
自己的潛能，不要妄自菲薄，以開創自己光明的前程。

三、推廣終身學習理念，以提昇國民素養

　　在科技文明日新月異的時代裡，要提昇國民的素質，拓
展宏觀的視野，培養開闊的胸襟，首要之途就是灌輸青少年
要有終身學習的理念，莊子說：「吾生也有涯，而知也無涯。」
所以學識的獲得是永無止境的，若一個人在工作之餘，不忘
記「日知其所無，月無忘其所能」，學識必定是日益精進的，
對自己所從事的職業必有很大的幫助。

　　幽默大師林語堂先生說：「一般青年人，無意多讀書，多
思想，而不想在報紙、雜誌、書籍之中，儘量攝取各種寶貴
的知識，真是最可憐，最可惜的一件事，他們不明白，他們
所拋擲去的東西，在別人得之，可以成為無價之寶可以使生
命成為無窮豐富的種種資料呀！」所以，有了豐富的學識，
才可以創造偉大的事業，因此教師要鼓勵學生以「活到老，
學到老」的精神，多以新知充實自我，如此才能超越自我，
使自己茍日新，日日新，又日新。

四、落實有教無類、因材施教的教育理念，以促進教育機會均等

為人師表者，除了以「經師」自我期許外，更應負起「人師」的責任，並且要發揚至聖先師孔子「有教無類」、「因材施教」的教育理念，以犧牲奉獻、無怨無悔的精神，循循善誘學生，並且改變教學方法，不放棄每位學生，使他們邁向人生的光明面，落實「教育機會均等」的目標。

首先要突破升學主義的窠臼，其次要落實五育均衡發展的教育目標，不能忽視藝能科目的教學，使教材彈性化，評量多元化，實施適性而有效的教學方法，不可一味揠苗助長，只訓練出上課時「講光抄」、考試時「背多分」的機器人，教師對於學生的課業要熱心指導，對於成績較差的學生，要善用輔導技巧，使教材、教法生動活潑化，以引發學生的學習興趣，避免急躁求速成。以合理的期望，來輔導學生不論上智或下愚都能受到適性的發展，發掘自己的特色，並且要鼓勵學生「見賢思齊焉，見不賢而內自省也」，促使他們發揮所長，進而發展出健全的人格。

參、落實教育改革以促進國家發展

時代的變遷，一日千里，在我國即將邁入二十一世紀之際，朝野對於教育的改革殷切期望。教育部長吳京先生強調：「教育改革應面面俱到，大家不要以今天的教育型態，來判斷明日教育改革的結果。」的確教育改革不是立竿見影的事，是任重道遠，也是全民應有的共識，每位從事教育工作者，

應該未雨綢繆作前瞻性的規劃，以開放的心胸，接受變革，
並熱誠參與，使教育多元化的目標，能落實在教育改革的工
作上，進而帶給我國各級教育一個更璀璨美好的明天。茲述
如何落實教育改革，以促進國家發展之管見，如下：

一、落實教師進修管道，以提昇教師專業知能

教育的成敗，實繫於教師的良窳，所謂「良師興國」，洵
非虛言。盱衡當前我國的中等教育，受到升學競爭的影響，
使得部分學校校長及學生家長觀念偏差，導致辦學方向偏重
智育，而忽略德育的陶冶，並且以升學率的高低來評鑑教師
的優劣，師道尊嚴面臨挑戰，因此引起部分教師對於教學產
生倦怠及無力感。所以提昇教師專業知能，落實教師進修管
道，才能發揮教育的功能。

《禮記》上說：「師嚴然後道尊，道尊然後民知敬學。」
師道的尊嚴，植基於教師的敬業精神與專業素養。在多元化
的教育功能引導下，每位為人師表者，除了以「經師」自我
期許外，更應負起「人師」的責任，修養完美的人格以表率
群倫，充實自我的知識，把握「因材施教」、「有教無類」的
原則，以啟迪學生適性發展，進而開創自己光明的未來，因
此每位教師要充分利用在職進修的管道，在校內可憑藉教學
研究會，分享教學經驗，發表教學心得來促使自我成長；在
校外可參加師範大學舉辦的研習會或研究所……等進修管
道，來充實自我的專業知能，進而提昇教學的品質，各校應
設立審議委員會，考核與評鑑教師的良窳，以維持師資之品
質。

二、落實多元化入學方式，以暢通升學管道

　　高中職學生的年齡正值人生思想的轉捩期，在強調升學成就與升入明星學校的強勢校園文化中，莘莘學子埋頭苦讀，生吞活剝應考的科目，聯考的壓力，使得學生精神苦悶；而學習困擾的學生是屬於學校中的弱勢，他們往往會產生懼學症、焦慮症、精神喪失症，嚴重者以逃學、輟學來逃避升學競爭的壓力。因此教育行政單位，應該規劃多元的升學管道－改良式聯招，推薦甄選，預修甄試……等，來導正僵化的升學主義窠臼，落實五育均衡發展的目標，簡化聯考科目，使教學彈性化，評量多元化配合學生的個別差異，實施適性而有效的教法，建立學生終生學習的理念，使所有學生不論上智或下愚都受到適性的發展，進而確立正確的人生觀。

　　在科技文明日心月異，國際經融互動瞬息萬變的時代裏，技職教育也要配合時代潮流落實實務教學，並且可以成立評鑑組織，掌握相關資訊，來督導教育行政單位編輯適時、適用的高中職教科書，調整課程內容，加速修訂各科教材、有教無類、因材施教以啟迪學生的智能，加強學生生涯規劃能力，進而培養宏觀的器識，日知其所無，月無忘其所能，以迎接二十一世紀的來臨。

三、落實人文精神，以重建校園倫理

　　目前我國的中等教育，受到「升學掛帥」、「智育第一」的影響，只重知識的傳授，而忽略了學生人格的陶冶、情意方面的鼓舞、群體意識的啟發、社會道德的培養，以致於青

少年心浮氣躁，犯罪問題層出不窮，因此人文主義教育思想
必須落實於當前教育行政措施上。

　　人文主義教育涵蓋了文學、哲學、歷史、美學等方面的
課程。在教學方面，則著重在創造力的啟發、經驗的學習以
及情意的陶冶，其最終目的，是達到個人之自我實現，使個
人更富人性化，以增進人際之間的關係[註6]。我國的人文主義
教育與歐美國家日漸重視的 EQ（Emotional Quotient）教育有
異曲同工之妙，因為 EQ 教育主要著眼於情感、道德、品格三
項合一，影響一個人身心的健全發展[註7]。

　　因此各級學校要加強有關民族精神，倫理道德觀念與民
族文化方面課程，使學生體認我國固有倫理道德的重要性，
並且應該將倫理道德涵詠於日常生活中，所以在教材方面，
應該由教育廳（局）請專家學者將精深的古籍重新加以整理，
且以實際生活作直接編譯，使學生由認知層次，提昇為篤實
踐履，以培養青少年健全的人格，消弭青少年犯罪問題，進
而重建校園倫理。

四、落實學生輔導體制，以培育健全的青少年

　　良好的教育環境，是學生身心成長的樂園。學校教育是
家庭教育的延伸，也是莘莘學子學習個種知識、培育健全人
格、發展良好人際關係的重要場所。而校園裡諄諄教誨學生
的師長，猶如家庭的父母，以愛心、耐心、細心及適時、適
性、適切的方法，引導學生發揮人格特質，以開創自己光明
的未來，其次筆硯相親的同學，又如家中的兄弟姊妹，在互
相切磋，共琢磨的影響下，左右了青少年的認知與價值判斷。

因此，教育工作者應為學生塑造安全而良好的教學環境，使他們的身心得到健全的發展。

目前中等學校執行的「璞玉專案」、「春暉專案」、「認輔制度」等，都是針對不同的對象給予個別輔導，以消弭青少年犯罪行為，使青少年身心得到健全的發展，進而建立祥和社會，以厚植國力。

肆、結論

在因應未來更具開放性與多元化的社會發展趨勢，革新我國當前教育的缺失，乃是提昇國民素質、推動國家進步的原動力。因此每位教師必須揚棄傳統「以不變應萬變」的觀念，培養樂於改革，接受變遷的事實，以回應社會的需求[註8]。

李總統登輝先生期勉全國教師：「期望藉由教育內涵的調整，使教育功能與時俱進，成為驅動社會進步，厚植國家實力泉源。因此每位教師應該負起傳遞文化薪火的責任，來加速教育革新的腳步，並且以教育家劉真的名言：「樹立師道的尊嚴，發揚孔子樂道的精神」來自勉，使教育的事業向下紮根，向上發展，為國家培植人才，以推動國家各項建設，進而塑造二十一世紀－－個民主政治，富而好禮的文化大國。

附註：

1. 見澳洲教育部次長盧比談通往未來安定繁榮之鑰，天下雜誌，1996 年 3 月 1 日，174 頁。
2. 見　李總統 85 年度教師節資深優良教師表揚大會書面賀辭。

3. 見楊國賜「邁向現代化的教育建設」，臺灣教育，544，85 年 4 月，4 頁。

4. 見李建興「發展教育的新紀元」，教育與人生，三民書局，334 頁。

5. 見陳立夫「孔孟學說與人文教育」，人文教育十二講，6 頁。

6. 見陳立夫「孔孟學說與人文教育」，人文教育十二講，6 頁。

7. 見吳坤銓「淺談 EQ 教育」，臺灣教育，548，85 年 8 月，49 頁。

8. 見教育廳長陳英豪先生八十五年教師節前夕期勉全國教師的談話。

四、落實教師終身教育以推動社區總體營造

壹、前言

　　社會的變遷與時推移，科技的文明日新月異，各種知識的傳播無遠弗屆。多元化的教育思潮，猶如奔騰的江河水，不斷衝擊著臺灣的未來及莘莘學子的心靈，更加速了教育改革的腳步。誠如聯合國教科文組織主席狄洛（Jacques Delors）說：「當人類面臨種種未來的衝擊，教育不可避免的成為人類追求自由、和平與社會正義最珍貴的工具。」這段深中肯綮的言論，正說明了教育是推動社會進步的原動力。

　　教育的興革，經緯萬端，錯綜複雜。為了因應一九九六年聯合國教科文組織推動國際教育改革時，高懸終身教育的理想是人類進入二十一世紀的一把鑰匙。在報告書中宣示終身學習的四大支柱：ｆ學會學習（learning to know）ｇ學會做事（learning to do）ｈ學會共同生活（learning to lie together）ｉ學會創發（learning to be）[註1]，所以李總統明訂一九九八年為中華民國終身學習年，並且期望全國教師，除了全力推動學校教育改革外，更必須建立終身學習機制，讓每一位國民都能將生活與學習結合，達到「人生即學習」的理念。[註2]因此教師獻身教育，就應該有「兩肩負重任，心懷千萬年」的薪傳責任，體察時代的需要，掌握歷史的動向，作前瞻性規劃，以落實終身學習的教育理念，進而推動社區總體營造。

貳、落實教師終身教育以推動社區總體營造的方向與任務

在邁向二十一世紀資訊發達的多元化社會中，要提昇國民的素質，以拓展宏觀的視野及培養開闊的胸襟，首要之途就是灌輸國人具有終身學習的理念。而社區總體營造的目標，在於造景、造產與造人。造景的理想，是要建構一個適合人們安身立命、茁壯成長與自由活動的最佳場所；造產的方向，在於促進社區的經濟活動，使社區具有生生不息、蓬勃發展的原動力；造人的目標，當然是塑造出身心健全，具有全方位能力的現代國民。[註3]

為了因應國際化，資訊時代的來臨，教育部提出終身學習的白皮書，強調未來的社會是終身學習的社會，學校教育要朝「人人有書讀，處處是教室，時時可學習」的目標邁進，[註4]以提供更多的學習機會，鼓勵全民追求新知，努力學習。面對終身學習的潮流，學校教育的願景，將有所變革，因此每位從事教育工作者，應有「今天不去做，明天會後悔」的共識。茲述落實教師終身教育以推動社區總體營造的方向與任務如下：

一、規劃辦理回流教育，以提昇國民素質。

「回流教育」（recurrent education）顧名思義就是「學校教育不一定要以直達方式一次完成，人們有權利在人生任何階段，以全時或部份時間完成其所需要的教育。接受學校教育機會人人平等，應當向全民開放，而且允許分段進行，累

積完成。」[註5] 這就是說明人生於世，要活到老，學到老，人
人都在不斷的學習中求進步，以培養國際觀及地球村的知
識，以順應世界潮流的變遷與國際地球村的生活。

我國政府目前為了因應回流教育的長程目標，並且開拓
各種就學機會，已積極籌劃開辦社區學院，以推動學校社區
化為指標，讓學校成為社區民眾最重要的終身學習資源，並
且滿足社區民眾的求知慾，因此社區內的環境景觀保育、鄉
土教育、青少年校外生活、老人照顧、社區總體營造等項目，
都需要社區民眾參與終身學習，以促進社區的繁榮進步，進
而提昇民眾的生活品質。[註6]

二、落實網路遠距教學，以達成終身學習之理念。

電腦網際網路（Internet）自一九九三年開始興起，至今
短短的數年間，猶如雨後春筍般蓬勃的發展。網際網路的全
球資訊網可以傳送文字、聲音、影像、動畫等多媒體資料，
不但縮短了時空的距離，更使知識的傳播無遠弗屆，不斷出
現的各種網路網站則是最豐富的社會教育資源。[註7]

整合性的資訊系統，有著融合教育與生活的能力。遠距
教學的普遍與網路通信的發達，使得學者不一定需經由傳統
的學校教育習得所需的知能。例如：設立各社區終身學習資
源與資訊中心，協助家庭上網。而電子郵件的使用，可以互
相傳遞文字、聲音、影像：：等，不僅可以寓教於娛樂，更
可以達到「寓教於生活」的目的，這種可以預見的變化，將
使得社區化的學習更為普遍，以落實遠距教學的目標及滿足
全民終身學習的需求。[註8]

三、推動社會通識教育，以倡導全民讀書風氣。

依據我國的社會教育法，所訂的社會教育範圍包括成人教育、家庭教育、文化教育、藝術教育、大眾科技教育、交通安全教育、圖書館教育、博物館教育、視聽教育等九項。其主要目的，在於發展全人教育及終身教育，也是邁向終身學習社會必經的途徑。

其次，大眾傳播媒體對導正社會風氣也具有重要的功效。各種傳播媒體所傳播的新聞及娛樂節目，在表達方式所作的安排，即為社會大眾造成了一種價值觀。因此大眾傳播媒體，應該本著仁愛心宣揚主題正確的節目，以端正社會風氣。並且應該多傳播「書香文化」，推動「書香社會」。要如何推動「書香社會」，以倡導全民讀書風氣呢？首要之途就是要在各社區廣建圖書館，及加強圖書館軟體設施，如果圖書館資料全面電腦化，使讀者借書還書、查閱資料，都能節省時間。其次，鼓勵各社區的民眾組織讀書會，互相交換讀書心得，以落實「終身學習」及提昇生活品質的目標。

四、落實教師進修管道，以提昇教師專業知能

教育的成敗，實繫於教師的良窳，所謂「良師興國」，洵非虛言。終身教育（life long education）與終身學習（learing through life）已經成為我國邁向二十一世紀的教育發展主流，而推動此目標的原動力就是教師。終身學習的範疇是以永續教育的理念為主軸，教學工作應該跨出教室，延伸到更廣的學習社會，因此教師的角色是多元性與生活性的，並且要結

合家長、專業人士及社區的力量來推動社區的總體營造。在
教學內容上，更是包羅萬象，舉凡基本的教育專業知能，通
識教育知能外，也包括了生活、休閒、經濟：：等知能。

　　因此在多元化的教育功能下，每位教師，除了以「經師」
自我期許外，更應負起「人師」的責任，修養完美的人格以
表率群倫，更應該把握終身進修學習的機會，來充實自我的
專業知能，進而提昇教學的品質與社區的總體營造。

參、結論

　　在邁向二十一世紀多元化的時代，未來的臺灣、無論是
國家競爭力的提昇、社會的和諧凝聚，自然環境的永續發展，
人民素質的提昇和生活品質的改善，成功關鍵都在教育[註9]，
因此學校教育的發展，應該朝著「推展終身學習、建立學習
社會、落實教育改革」的目標邁進，並且要與家庭教育、社
會教育相輔相成，以集體力量來改造教育環境，李總統登輝
先生期勉全國教師：「期望藉由教育內涵的調整，使教育功能
與時俱進，成為驅動社會進步，厚植國家實力的泉源。」。所
以每位教師應該發揚孔子「有教無類」、「因材施教」的教育
理念，將終身學習的教育目標，落實在社區的總體營造上，
向下紮根，向上發展，來化民成俗，進而塑造二十一世紀一
個政治民主、富而好禮、社會祥和的文化大國。

附註：

1. 見一九九六聯合國教科文組織出版「學習——財富蘊涵其中」
　（Learning The Treasure Within）

2. 見劉依潔「國際終身學習學術研討會」，社教雙月刊地五四頁，一九九八年四月出版。

3. 見林振春「社區終身學習的困境與展望」，社教雙月刊八二期第二十八頁，一九九八年十二月二十日出版。

4. 見楊家興「終身學習與教學科技的應用」，教學科技與媒體，第四十一期第九頁，一九九八年十月十五日出版。

5. 同註四，第十頁。

6. 同註三，第三四頁。

7. 見侯志欽「新傳播科技與社會教育」，社教雙月刊第十五頁，一九九八年四月。

8. 見王建華「教學媒體的發展趨勢」，社教雙月刊第六頁，一九九八年四月。

9. 見行政院教改會諮議報告書，天下雜誌，一九九八年教育特刊，第二四八頁。

五、推動教育改革，領航知識世紀——

臺灣高級中等教育發展的回顧與展望

壹、前言

在廿一世紀以知識經濟為導向的時代中，知識已成為運籌帷幄決勝千里的關鍵。資訊化、科技化、全球化的浪潮，澎湃奔騰，不斷衝擊著臺灣教育的發展及莘莘學子的心靈。為了因應時代的變遷及挑戰，終身學習（learning through life）已成為前瞻未來，領航知識世紀的標竿；而教育改革更是確保教育機會均等（equity）與追求卓越（excellence），提昇國家競爭力的磐石。[註1]

全球化是指跨越國界的科技、經濟、知識、文化、價值及理念之流通，在全球化思潮的推波助瀾下，多元化的教育理念及多元智能論（Theory of multiple intelligence）的開發，已成為廿一世紀世界各國教育改革的重要目標。[註2] 根據美國教育家迦納（Gardner）的研究在 1983 年提出人類具有語言（linguistic）、空間（spatial）、邏輯／數學（logic－mathematical）、身體／動作（bodily－movement）、音樂（musical）、社會（social）、個人（self）、自然（naturalist）等八項智能。因此每位教師應該順應時代的需求，掌握世界的脈動，發揚孔子「因材施教」的真諦，用多元的角度及宏觀的視野來看待每一位學生。並且以「有教無類」的理念，引領學生，啟發個人不同的才智與潛能，以培養他們的思考力及創造力，

成為具有高智商（IQ）、高情商（EQ）兼具的現代國民，進而為臺灣的教育開創出新契機。[註3]

貳、高級中等教育過去發展的回顧

教育是百年樹人的興國大計，也是民族精神文化的標竿，更是推動國家卓越進步的神聖偉業。走過臺灣教育史的長廊，回顧自政府播遷來臺，五十多年來高級中等教育的政策，隨著時代潮流的變遷及政治的更替，幾經改弦更張，呈現了種種不同的風貌，可作為現代教育改革的殷鑑。

高級中學包含高級中學及職業學校，是九年國民義務教育的延伸，也是莘莘學子升大學或四技二專的基石。早期為了配合國家整體經濟發展及人才培育的需求，高中及高職的招生人數一直維持在 3：7 的比例。因此，高中以英才教育為宗旨，學校成為學習各種知識、陶冶身心、培育健全人格、奠定研究學術或學習專門知能的重要場所；而職業學校除通識教育外，更要培養青年職業智能、職業道德，以便學習一技之長，將來成為健全的基層技術人員為宗旨。[註4]

回顧並檢討五十多年來臺灣的教育政策與教育建設，自民國五十七年國民義務教育從六年延長為九年之後，不但解除了國小學生升學的壓力，受教育人口倍增，人力素質日漸提昇，對國家及經濟的發展，有實質的貢獻。但是由於功利主義的影響，「萬般皆下品，唯有讀書高」的觀念，再度深植人心，國中、高中依然籠罩在升學主義的陰影之下。在考試引導教學的情況下，惡補風氣嚴重。學校教育偏重「智育」的發展，而忽略「生活規範、倫理道德」的陶冶。在強調升

學成就與升入明星學校的強勢校園文化中，莘莘學子埋讀苦讀，生吞活剝應考的科目，聯考的壓力，使得學生精神苦悶。

在教學方面，一味地用灌輸填鴨的方式，只重結果不重過程，缺乏彈性而呆板；再加以學業成績來分班，使得成績較差的學生，以逃學、打架、吸毒等事端來尋找刺激與解脫。青少年在團體中得不到同儕的支持與接納，在家庭中得不到溫暖與關心，因此就鋌而走險；甚至參加不良幫派，為非作歹，擾亂社會治安。升學主義與功利主義互為表裡，不但使得傳統的校園倫理受到嚴重的衝擊與考驗，更使得青少年犯罪問題日益嚴重，這的確是值得大家痛下針砭的教育癥結。

參、現階段高級中等教育轉型的省思

國父說：「教養有道，則天無妄生之才。鼓勵有方，則野無抑鬱之士。」正說明了有良好的教育政策，才能培育出德智兼修、身心健全具有創造力及思考力的時代青年。面對國家的競爭力取決於人民智慧才能的廿一世紀裡，百年樹人，厚植國本的神聖大業，不能再抱殘守缺，應該推陳出新，對於教育政策的革新，不僅要因應時代的變遷，更應該朝多元智能的教育方針邁進，以激發國民潛能，進而提昇國家的人力素質與國民生活品質為鵠的。

盱衡我國的教育改革至今瞬屆十年，並且經歷前後五任教育部長的更迭與各種變革的教育政策，在不斷的試驗中，成效不如人意，使得學校教師、學生、家長對教改的理念，從人人有「今天不去做，明天會後悔」的共識，演變至今天一談教育改革就「人人色變」、「人人喊停」的寫照，有如天

淵之別的形勢逆轉，此種警訊，猶如當頭棒喝，教育當局及決策者豈能視而不見，習而不察呢？教育理念的調整、教材的更新、入學考試的多元，令學校教師與學生無所適從，難道是「朝令既有錯，夕改又何妨」嗎？在二〇〇一年教育改革檢討與改進會議中，對於高級中等教育的發展，提出頗多變革的政策，茲就升學進路方面的改革，簡述如下：

在升學進路方面的改革，主要有：（一）、擘建三條教育國道——普通教育、技職教育、推廣及進修教育，三條國道，均可繼續攻讀最高學位。（二）、實施多元入學方案——配合學生多元智慧發展，增加學生選校以及學校選擇學生之彈性。（三）、推動高中、高職社區化，協助學生就近入學。（四）、齊一公私立高中、高職設施水準，為延長十二年國教預作準備等。[註5]可見高級中等教育的改革，逐漸成為教改的重心。而中研院院長李遠哲博士所提出廢除高職，以高級中學綜合中學或科技中學等取代之的建議，猶如晴天霹靂，帶給全臺灣職業學校師生頗大的震撼，更引發許多爭議與反彈。

回顧臺灣教育的發展，技職教育對創造國內經濟奇蹟功不可沒。尤其我國已經在今年正式加入世界貿易組織（WTO），因此我國產業的發展及人力的需求，勢將面臨結構性的轉變。依據勞委會委託成之約教授所做的研究預測，二〇〇四年，運銷服務業的就業人口將快速成長，未來除了高階管理人力的需求，更需要大量基層服務的人才，而高職教育正是培育基礎技術人才的最佳場所。由此觀之，目前的中等教育改革政策，應該朝向輔導高職轉型的目標邁進，不宜輕言廢除高職，因為即使社會再多元，價值仍有其一定的歸

趨，教材再多樣，教育仍有其一定的方向。[註6]

高級中等教育所扮演的角色至為重要，它承上啟下，居於承繼國民教育及進入高等教育之間的關鍵樞紐地位。因此當務之急，應該討論每一條教育國道之地位之修正、人數比例之修正及如何發揮特色等問題。在各類型的高級中學中，尤以綜合高中的課程型態，更能滿足因為高級中學教育普及化後，各種非意願升學者的異質性需求。依據高級中學法第六條規定，綜合高級中學是指融合普通科目與職業科目為一體之課程組織，輔導學生根據自我之能力、性向、興趣選修適性課程之學校，此類學制也廣受學界一致的推崇。

教育部於民國八十五學年度起試辦為期三屆五年「綜合高中實驗」，希望透過此綜合性課程規畫，統整高中及高職教育功能，其具體目標為：

一、統整高中高職教育資源，提昇教育品質。

二、融合高中高職教育目標，充實學生的基本能力。

三、提供彈性課程，適應學生延遲分化及加廣選修之需要。

四、增進學生職業性向試探機會。

五、因應世界教育潮流。

為達成以上目標，綜合高中於課程實施的精神為高一統整試探，以修習基礎學科及通識課程、高二試探分化，依性向及興趣彈性選課、高三分化專精，朝學術導向進路來選課。[註7]在教育部專案研究之「世界主要國家高級中學課程發展之研究」中即建議「往後中等教育主要以綜合高中為主，作為中等學校的主流學校，提供多樣化的課程，提供中學生開

展潛能、發展性向與興趣，以及幫助學生走入社區」。由此可
見，綜合高中成為未來高級中等教育的主流學校是無庸置疑
的。[註8]

肆、高級中等教育未來發展的方向與任務

　　教育的興革，經緯萬端，錯綜複雜。環顧二○○二年臺
灣的教育改革政策，再三更迭，治絲益棼，至今仍方興未艾，
令大家不知所措。殊不知教育變革的一小步，對整個國家、
社會及政治的走向，均有深遠的影響。誠如美國教育家杜威
在〈教育與社會變遷〉一文中所說：「學校的確能夠決定未來
的社會秩序，所以現在的問題已經不是學校應否創造未來的
社會，而是學校如何負起責任，秉具最高的智慧創造未來的
社會。」這段深中肯綮的言論，正說明了教育是推動社會進
步的原動力。

　　為了因應教育部所頒訂教育改革的目標：「教育改革之趨
勢，建構現代化教育體制。期使多元化的制度、人本化的環
境、科技化的設施、生活化的課程、專業化的師資，提昇學
校教育水準；並連結正規教育、非正規教育與非正式教育，
形成全民終身學習的社會。」[註9] 因此每位教師獻身教育，就
應該有「兩肩負重任，心懷千萬年」的共識，調整步伐，並
且以宏觀的視野，立足臺灣，從本土化出發，再放眼天下，
作前瞻性、統整性的規劃，來推動全球化的教育改革目標，
以提昇國家的競爭力。茲參酌教育部所頒訂教育改革的目標
為藍圖及個人的管見，來敘述高級中等教育未來發展的方向
與任務如下：

一、加強知識管理，以提昇教育效能

面對知識經濟時代的來臨，社會的結構瞬息萬變，傳統的學校教育已無法因應時代的需求，其最大的癥結就在於墨守舊規，缺乏創新求變的機制，也就是缺乏「知識管理」（KnowledgeManagement）的理念。所謂「知識管理」，就是透過知識的統整與創新，有系統、有計劃地將知識應用於學校實務上，不但賦予學校發展過程中所需的動態，同時亦能不斷檢視和覺察學校本身所應承擔的責任，作為引導學校教育朝向多元化發展的指導方針。[註10] 由此可見知識管理是循序漸進的，對於學校教育效能的提昇、知識的分享，以及個人與組織的發展，均有頗大的助益。

未來高級中等教育發展的方向與任務，就是要發展學校的特色，在管理上要不斷的創新求變，才能維繫學校的競爭優勢。為了因應高中職社區化的發展趨勢，各校在課程的安排上應該發揮專業自主性與多樣性，妥善安排一些彈性時間，規劃設計符合學生個別差異發展需求之選修課程，或結合社區的特性與資源，開設相關選修課程，以營造優質的學校特色，進而提昇教育效能。[註11]

二、落實通識教育，以陶冶學生的人文素養

在資訊科技突飛猛進的時代裡，網際網路（Internet）的推出，實現遠距教學的夢想，開啟了學習的另一個視窗，成為人類互通訊息最便捷的工具；在滑鼠指點之間，浩瀚的知識盡入眼廉，更拓展了人類的知識領域與生活的視野。但其

負面的影響，卻不容我們掉以輕心。網際網路的誕生，縮短
了時空與人們之間的距離，卻也形成心靈的隔閡；而網路上
色情與暴力的氾濫，不斷燃燒著莘莘學子純潔的心靈，繼之
而起的是性侵害、性氾濫，不但戕害青少年的心靈，更使得
青少年犯罪率節節高昇，形成社會最大的隱憂。

　　為了導正資訊科技發展重科技輕人文的負面影響，因此
高級中學應強化融合「科學實證與人文關懷價值體系」的通
識教育目標，以培育學生具有統整的知識與完整的人格，並
且能以開闊的胸襟、宏觀的視野以及人文器識，來關懷社會
與尊重生命。基本上「通識教育」是人文教育的一種形式，
涵蓋了文學、哲學、美學、歷史……等方面的課程。在教學
方法上，注重統整的知識，強調價值體系的教學情境，及學
習情境的陶冶，其最終的目的，是陶冶學生的人文素養，培
養學生具有「己立立人，己達達人」關懷社會、尊重生命的
情操，進而營造一個溫馨和諧的社會。(註12)

　　「工欲善其事，必先利其器」，要引領學生開啟中國文學
的堂奧，給予他們倫理道德的涵養，進入傳統優良文化的領
域，重新塑造中華文化的價值觀，以提昇學生的人文素養。
首先在教材方面，應該由教育部請專家學者將艱深的古籍加
以整理，重新加注標點、斷句，並且應多引用實際生活作直
接的編譯，切忌陳腐教材，免得學生有隔靴搔癢且陳義過高
的感覺。其次要培養學生閱讀古籍─四書、五經、唐詩、宋
詞、元曲……的興趣，教師必須循循善誘，使學生由認知層
次，提昇為篤實踐履，以培養溫柔敦厚、端莊典雅的氣質，
進而成為明禮義、知廉恥、孝親尊師、友愛同學的時代青年。

三、落實網路遠距教學，以創造終身學習社會

在資訊交流一日千里的時代裡，如何快速及有效地獲得學習新知的機會，已成為廿一世紀最重要的課題之一。網路虛擬實境的蓬勃發展，使人類在彈指之間，即可學習到各項新知；一觸即發，就可以將全球的資訊映入到新的視窗，更引領全世界成為溝通頻繁的地球村。網路的普及突破時空的藩籬，改變傳統教學方式，創新知識傳授的新途徑，學者稱為「教育典範的轉移」。在教學的模式上，也展現了不同的風貌，包括網路教學、多媒體教學、虛擬教室教學……等，使老師從知識傳授者變成依學生個人特質做知識提供及輔助者的角色，學生也以積極的態度來進行自主性的自我導向式的學習，也就是將「學習權」交還給學生[註13]

一九八五年聯合國教育科學文化組織（UNESCO）第四次國際成人教育會議宣言，特別強調學習權的概念，並界定為：「學習權就是：閱讀和書寫的權利。提出問題和思考問題的權利；想像和創造的權利；瞭解人的環境和編寫歷史的權利；接受教育資源的權利；發展個人和集體技能的權利。」在追求多元化、全球化的教育目標下，學習的行為的確是教育活動的重心，因此網路學習環境採用「學習者控制」（LearnerControl）的設計，正符合此種教育目標，可以滿足學習者個別化需求的機會與條件，正可以彌補傳統注入教學的不足。[註14]

整合性的資訊系統，有著融合教育與生活的能力。遠距教學的普遍與網路通信的發達，使得學者不一定需經由傳統

的學校教育習得所需的知能。例如：設立各社區終身學習資源與資訊中心，建立民眾「無教室學習」的概念。

而電子郵件（e-mail）的使用可以互相傳遞文字、聲音、影象……等，不僅可以寓教於娛樂，更可以達到「寓教於生活」的目的，這種可以預見的變化，將使得社區化的學習更為普遍，以落實遠距教學的目標，縮短城鄉的差距，及滿足全民終身學習的需求。[註15]

四、加強學生英語能力，以因應全球化的需求

隨著我國加入世界貿易組織（WTO）以後，國際化與全球化的思潮接踵而至，因此如何提昇國民的英語能力，以吸收外國文化的優點和經驗，使臺灣的文化與世界接軌，進而提昇國家的競爭力，已成為教育改革的當務之急。

在全球化教育改革目標的鞭策下，如今英文已蔚為國際溝通的主要語言，是全球的通用語（linguafranca），登上世界語言之寶座，沛然莫之能禦。根據最保守的估計，目前全世界約有七億人說英語；同時，英文也是六大洲、逾六十個國家的官方或半官方語言。（Medgyes1994，所提出的數據）而國際間來往頻繁，一直依賴著英文成為彼此溝通的橋樑。所以我們今天在非英文的環境中教學生英文，已經不只是教語言，而是在教導學生認識全世界。因此，英文老師有義務教導學生了解由文化所衍生的價值、態度和展望，來加速全球化的腳步。[註16]

全民拼英語，已成為推動教改的重要政策，因此今年（九十一年）九月起，國小四、國一新生已實施九年一貫課程，

而教育部一直強調教師對學生的學習評量，應以「基本能力」
取代學科知識，以七大學習領域為學生學習的重心，注重課
程的銜接與統整。英語課程的規劃目標，在增進學生對本國
與外國文化的認識、培養學生學習英語的興趣與方法。但是
用意甚佳的教育政策，卻無法深入扎根，究其原因是：「一綱
多本」的教材，雖是多元而具彈性，但是教材版本不同，如
何能進度一貫？益之以英語教學愈往下延伸，街頭英語補習
班林立，教學品質上各有擅長，師資良莠不齊，菁英教學排
擠的效應，加上城鄉差距問題，使得學生英語程度呈現兩極
化的現象，在考試引導教學的方針下，教育部及學者專家們
卻要求學生學會簡易的英文能力即可。將來升入高中、大學、
甚至研究所，其英語程度仍停留在基礎簡易階段，因此，國
內學生的英語能力在亞洲地區排名敬陪末座，不僅造成學習
資源的虛耗，更遑論提昇國際競爭力。[註17]

　　要改善當前英語教學問題，教育當局應及早規劃師資、
教材、課程、學程接軌等問題，為國家培育優秀的人才做好
充分的準備。首先英語教師必須營造良好的學習環境，善用
多種媒體教學或虛擬教室，透過現時道地的英語材料，以模
擬實地英語文化情境，讓學生置身其中，感受到真實英語世
界的脈動。（ShrumandGlosan，1994）在自然接觸及雙向互動
的練習中，刺激學生學習的動力，其次要提供學生適當的課
外讀物，強化他們的閱讀程度，以提昇高中生在聽、說、讀、
寫方面的能力，進而拓展新視野，及增進國際文化知能，以
因應全球化的需求。

五、強化教師專業素養,以實踐多元化教育目標

　　教育的成敗,實繫於教師的良窳,所謂「良師興國」,洵非虛言。終身教育(lifelongeducation)與終身學習(learningthroughlife)已經成為目前臺灣教育發展的主流,而推動此目標的原動力就是教師。終身學習的範疇是以永續教育的理念為主軸,教學工作應該跨出教室,延伸到更廣的學習社會,因此教師的角色是多元性與生活性的,並且要結合家長、專業人士及社區的力量來推動社區的總體營造。各校應設立教師評議委員會,以客觀公正的態度,來考核評鑑教師的良窳,以加強師資之品質,及學校競爭力。

　　廿一世紀教育改革的重點在於資訊教育的普及與人力素質的提昇。因此每位教師在教學內容上,更是包羅萬象,舉凡基本的教育專業知能、通識教育知能外,更應該配合教育部中程(九十年度至九十三年度)教育改革的重要目標──(一)、推動網路科技及環境教育,奠定綠色矽島;(二)、善用資訊科技以提昇教育品質、推動各級學校充實教育資源網路,以達成建立全民終身學習永續發展學習環境的理想。所以每位教師,應該充實自己的資訊專業知識,並且運用科技整合的方法,設計有創意的課程,營造良好的學習環境,輔助學生認真學習,以提昇教學成效,並且利用遠距教學,傳遞文化的精髓。未來的資訊科技將提供更多的教學資源,以實現教師教學的創意與理想,並且可建立網頁,將學校相關資訊直接提供給社區分享。

　　禮記上說:「師嚴然後道尊,道尊然後民知敬學。」師道的尊嚴,植基於教師的敬業精神與專業素養。在多元化的教

育功能引導下，每位教師，除了以「經師」自我期許外，應
負起「人師」的責任，修養完美的人格以表率群倫，更應該
把握終身進修學習的機會，來充實自我的專業素養。並且運
用電腦輔助教學（CAI）的技巧，來打破僵化的傳統教學方式，
統整各類學科，藉著電腦與其他設備的輔助，以引起學生學
習的動機，激發學生的好奇心及創造力，進而加強教學的品
質，以實踐多元化的教育目標。

伍、結論

德國大哲學家康德強調：「好教育即是世界上一切善的泉
源。」的確教育是培育人才的希望工程，更是推動國家進步
的原動力。迎向終身學習時代，學校教育應該以知識的活水
泉源來澆灌學生智育的成長；以求新求變的信念來提高學校
教育的品質；以超越自我追求卓越來強化學校的競爭力。所
以每位教師應該將終身學習的方針，落實在自己的專業知能
上，並且要發揚至聖先師孔子「有教無類」、「因材施教」的
教育理念，來加速教育革新的腳步。

新世紀教育改革的浪潮，隨著時代的變遷，不斷衝擊著
學校的教育體系。身處銜接國中教育與高等教育樞紐的高級
中等教育，正面臨著前所未有的挑戰與考驗。在多元入學制
度的推動下，我們樂見今後多元智能教育制度的開啟，在教
學活動中注入新意，引導學生適應「瞬息萬變的社會」為學
習的主軸，跨學科的整合，開啟學生全方位的能力；智能教
育與文化陶冶相輔相成，提供學生適性發展的學習環境，進
而培育學生朝德、智、體、群、美五育並進的理想目標邁進，

成為具有全方位能力的現代國民，為臺灣的教育開創出新契機，進而帶動國家的經濟發展，以提昇國家的競爭力。

附註：

1. 見秦夢群《美國一九九〇年代後之教育改革及對果國之啟示》教育資料與研究 90 年 11 月第四十三期第五頁

2. 見王如哲《全球化教育改革動向之一：因應知識經濟的國家教育改革策略》教育資料教育研究資訊 2002 年 8 月 10 卷 4 期 67 頁

3. 見林家永《多元智能的開發》臺灣月刊八十九年第八、九頁

4. 見林堂馨，專訪教育部中教司洪清香司長《高級中等學校轉型下的省思》教育研究月刊第 94 期教育時論第五頁

5. 見鄭崇趁《認清教改的全貌與核心》國語日報第 13 版國民教育九十一年十二月二日

6. 見林安梧《臺灣文化治療——通識教育現象引論》黎明文化第 68 頁

7. 見邱垂昱、孟繼洛、楊明峰《應用模糊理論於綜合高中學群選擇模式之研究》

8. 同註四，第六頁

9. 見教育部網站，http：//www.edu.tw/minister/action87/1-2.htm

10. 見高博詮《知識管理以提昇升學校效能》，師友月刊 383 期第 30 頁 1999 年五月

11. 同註四，第九頁

12. 見黃奏勝《通識教育的理念與實踐》教育資料與研究，第 26 期 88 年 1 月第 49 頁

13. 見陳年興、石岳峻《網路學習對教育改革之影響及未來發展》資訊與教育雜誌 2002 年 12 月第 33-34 頁

14. 同註十三第 34 頁

15. 見王建華《教學媒體的發展趨勢》社教雙月刊第六頁 1998 年 4

月

16. 見黃希敏《拓展新視野──以道地英文材料促進教育國際化之途徑》教育資料與研究第 43 期第 102 頁 90 年 11 月

17. 見劉語《全民拼英語，一則以善，一則以憂》師友月刊 425 期第 21-22 業 2002 年 11 月

六、推動心靈改革，重建祥和社會

壹、前言

　　國父說：「夫國者，人之積也；人者，心之器也；而國事者，一人群心理之現象也。」[註1] 這的確是深中肯綮的名言。環顧國內社會的發展，功利之風猖獗，民俗奢華怪誕，社會犯罪率節節昇高，大眾生活普遍缺乏安全、祥和及尊嚴。而現階段的學校教育發展，受到升學主義的影響，只重知識的傳授，而忽略了學生品格的陶融和文化的涵養，傳統禮教流於形式，以致學生心靈閉鎖而短視，犯罪問題層出不窮。因此　李總統語重心長的呼籲國人說：「從心靈改革做起，透過教育改革、社會改造等途徑，健全社會體制，展現社會公義，重建社會祥和。」[註2] 的確，心靈改革工作，是重建校園倫理及促進社會祥和的原動力，更是挽救頹靡人心，刻不容緩的要途。

貳、推動心靈改革，重建祥和社會

　　在因應未來更具開放性與多元化的社會發展趨勢，我們應該通過教育的革新，開啟儒家思想精髓的堂奧，重新塑造中華文化的價值觀，以達成實踐心靈改革的目標。茲述如何落實心靈改革，以發揚人文精神，重建社會祥和之管見，如下：

一、加強社會教育，以導正社會風氣

加強社會教育與學校教育，同樣是推行文化建設的根本工作。我國憲法第一五八條規定：「教育文化，應發展國民之民族精神、自治精神、國民道德，健全體格與科學及生活智能。」因此，導正社會價值觀的重點，不僅要加強社會教育，以端正社會人心，改善國民生活習性，更需要提倡善良風俗與公正輿論，以發揚固有文化與民族正氣。

其次，大眾傳播媒體對導正社會風氣也具有重要的功效，各種傳播媒體所傳播的新聞及娛樂節目，乃至於廣告，無論是用聲光文字畫面，在表達方式所作的安排，即為社會大眾造成了一種價值觀，所以應該審慎處理，不可以譁眾取寵，而破壞了社會秩序。因此大眾傳播媒體，應該本著仁愛心宣揚主題正確的節目，以端正社會風氣。並且應該多傳播「書香文化」，引領全體國民走進浩瀚無邊的書香世界中，以淨化人心，移風易俗，重振文化大國之美譽。

二、落實人文教育，以重建校園倫理

人文精神是中華文化的支柱，更是維繫倫理道德的基石。我們中國自孔子以來的歷代先哲，都重視「以人為本」的教育思想。所以為人師表者應該發揮愛心與耐心，教導學生成為一個身心健全的時代青年。並且重視學生的人格與尊嚴，了解學生的興趣與個別差異，因材施教、循循善誘，使學生在充分感受教師的尊重與關懷之下，作最有效的自我學習，以發揮自己的天賦才能，追求完美的生活，進而實現創造自我，服務他人的理想。

要改善現代社會人心庸俗、功利等特徵，以及挽救文化斷層的危機，各級學校首先就應該重視古典文學往下紮根的重要性，給予學生豐富且純正的文化薰陶，以美化人生，進而促進五育的均衡發展，以達成培育健全人格的目標。其次應加強有關民族精神、倫理觀念與民族文化方面的課程，引導學生由認知層次提昇為篤實踐履，以消弭青少年犯罪問題，進而重建校園倫理。

三、落實民主法治教育，以提昇國民素質

民主法治教育是生活教育的根本，因此各級學校首先要加強公民與道德教育，及法治觀念的宣導，使學生了解要以「守信」來發揮政治的道德精神，以「守法」來保障民主的精神，以「守分」來確定自由的分際，使政治、經濟和社會以及人民的生活，均能在政局穩定、國家安全的軌道上運行，以提昇學生對法律常識的認知能力，期能經由學校民主法治教育的落實，以匡正時弊，進而提昇國民素質。

其次要推展誠實教育，為人師表者，要師法孔子「以身教者從，以言教者訟」的精神，除了以「經師」自我期許，更應負起「人師」的責任，以身作則，教導學生不說謊，不取巧，誠誠實實的做人，光明正大的做事。對學生說謊不誠實的行為，也應該適時加以糾正。學校的行政措施，應該公開、公平，如此才能建立校園誠實文化，進而培育光明磊落、健全優秀的好國民。

四、提倡正確的休閒觀念，以落實心靈改革的目標

休閒教育在我國傳統教育內涵中，佔有非常重要的地位，《禮記‧樂記篇》上說：「安上治民，莫善於禮；移風易俗，莫善於樂。」可見自古以來，中國人即把休閒教育和個人修身養性以及社會教化結合為一。因此在今日物質文明發達，而暴戾之氣高漲的時代中，為使青少年學生在課餘身心能夠得到均衡的發展，不致涉足不良場所，學校必須與家庭密切聯繫，輔導學生課外生活，透過休閒教育的薰陶，以培育身心健全的國民。

健全的體魄，寓於健全的心靈，首先在靜態方面，如：可經由藝術、文學、音樂等交流活動，以陶冶心性，充實生活內涵，增加生活情趣。動態方面，可以走出室外，接觸大自然，藉著登山、郊遊、旅行──等活動筋骨，擴展視野，嘯傲於青山綠水間，可以滌盡煩憂，學習山的包容與海的豁達，進而使身心保持平衡，情感理智得到和諧發展，重新燃起奮發向上的生命力，以開創人生的光明面。

參、結論

中研院李遠哲院長說：「國家到二十一世紀能否走在前面，關鍵就在教育能否好好培養國民。」的確，在科技文明日新月異的時代裡，祥和的社會，必須植基於群己之間的關懷與尊重，關心社會，更是心靈改革的磐石。

教育是百年樹人的興國大計，也是民族精神文化的標竿，因此每位教師應負起匯聚人文教育的清流，洗滌功利主

義的污染，以落實心靈改造的目標，使人文教育向下紮根，往上發展，來化民成俗，以培育現代國民具有「放眼天下，關懷全體人類」的恢宏氣度，進而推動國家各項建設，共同塑造二十一世紀———一個富而好禮，社會祥和的文化大國。

附註：

1. 見　國父心理建設自序。
2. 見李總統八十六年全國好人好事表揚大會演講稿，國語日報八十六年十一月十六日。

七、跨世紀的教育挑戰──落實資訊科技與人文教育融和願景

壹、前言

世紀的遞嬗，與時推移，展望即將來臨的二十一世紀，知識經濟（Knowledge Economy）的浪潮，猶如不盡長江天際流，沛然莫之能禦。知識就是力量，掌握日新月異的新知，就是運籌帷幄決勝千里的關鍵。在科技文明發達的時代裡，通往未來安定繁榮之鑰的教育，正引領著人民以卓越的知識、高超的技能、優雅的情操、及不斷創新的終身學習理念，以前瞻未來；並且利用自然資源，創造財富，以厚植國本，進而提昇國家的競爭力。

多元化的教育思潮，隨著時代的脈動，深深牽動著臺灣的未來。人類的心靈橫跨時空，網際網路（Internet）無遠弗屆，開啟新世紀的視窗；全球網路骨幹製造領導者，思科總裁錢伯斯（John Chanbers）更強調：「誰能掌握網路和教育這兩大利器，誰就能掌握未來。」[註1] 這的確是深中肯綮的言論，因此每位為人師表者，就應該體察時代的需要，掌握世界的脈動，重新塑造中華文化的價值觀，作前瞻性的規劃，以落實資訊科技與人文教育融和的願景，並且培育具有宏觀視野及全方位能力的科技人才，以因應─知識經濟─時代所帶來的各種挑戰，進而引領國家邁向璀璨光明的二十一世紀。

貳、資訊科技與人文關懷之省思

在世紀交替之際，盱橫我國的政治、教育、經濟等制度
正處於轉型的陣痛階段。社會價值體系低俗，功利主義抬頭，
經濟目標的高懸，形成重利輕義的社會風氣，致使固有的倫
理道德，失去規範的力量，導致民風頹靡。政治的動盪不安，
經濟的日益蕭條，隱含著令人心悸的警訊；益之以重視資訊
科技，輕視人文的意識型態高漲，使得莘莘學子晨昏誦讀、
弦歌處處的學校環境，暴戾之氣甚囂塵上，傳統的校園倫理
受到嚴重的衝擊與考驗。從事教育工作者，的確應該正視沉
痾的教育問題，撥亂返正，以凝聚全民共識，發揮百年樹人
興國大計的功效，以提昇國民素質。茲述資訊科技與人文關
懷之省思，如下：

一、資訊科技之便捷，滿足全民終身學習之需求。

電腦科技文明一日千里，網際網路的推出，實現遠距教
學的夢想，在「人人會電腦，個個會上網」的目標下，電腦
走入了家庭、學校及社會，成為人類互通訊息最便捷的工具。
移民海外久未謀面的好友，經由 e-mail 的傳輸，以最迅速的
方式帶來了異國種種的訊息，而不必煩勞魚雁的往返，真可
以稱得上是：「海內存知己，天涯若比鄰」了，這一切都是
拜科技文明之賜啊！

當我們要查詢圖書、旅遊、購物、國內外新聞……等資
料，也能夠打開電腦網路，讓我們想要的資訊盡收眼底。在
滑鼠指點之間，無限延伸的視窗，為人類開啟了奇異多采的

宇宙。並可以穿越時空隧道，讓古聖先賢的智慧結晶，如源
頭活水般，——呈現在我們的眼前。的確在科技文明一日千
里的時代，利用網路傳遞訊息，利用虛擬實境（Virtural Reality）
讓學生有身歷其境的感受；電子郵件的使用，不僅可以「寓
教育於娛樂」，更可以達到「寓教於生活」的目的，不但縮
短城鄉教育的差距，更使得社區化的學習更為普遍，進而滿
足全民終身學習的需求。^(註2)

二、人文關懷之省思，導正社會不良之風氣

「水能載舟，亦能覆舟」，網路對現代人類而言，正是
如此的寫照，其負面的影響，卻不容我們掉以輕心。網路的
E 世代來臨，網路交友的訊息，使青年學子們趨之若鶩，由
初次的網路邂逅到一年半載後的相約會面，人人都抱著既期
待又怕受傷害的心理去迎接第一次的造訪，結果是後遺症層
出不窮。而網路販毒、色情網站的蔓延，不斷燃燒著莘莘學
子純潔的心靈，繼之而起的是性侵害、性氾濫，不但戕害青
少年的心靈，更使得青少年犯罪率節節高昇，形成社會最大
的隱憂。

在科技昌明的時代裡，大眾傳播事業已成為影響人心最深
遠的社會教育媒介。環顧臺灣目前的大眾傳播事業，大都以營
利為目的，枉顧道義，譁眾取寵，而傳播淫靡頹廢的內容，例
如：怪力亂神、色情暴力……等節目，青少年耳濡目染這些不
當的文字聲光，因而導致行為怪誕乖張，這也是校園倫理日漸
式微的原因。因此加強人文教育，是導正社會風氣，重建校園
倫理、培養學生健全人格，刻不容緩的當務之急。

參、跨世紀教育挑戰的方向與任務——落實資訊科技與人文教育融合願景

　　回顧我國過去的教育改革政策，仍方興未艾。展望競爭激烈的新世紀，卓越人才的培育，科技知識的運用與發展，經濟的挑戰，以及網路遠距教學的普及，都是影響國家成功的契機。二十一世紀人類要永續生存，科技與人文的結合，乃是必然的趨勢。所謂「綠色矽島」就是指人文與科技結合的理念與模式。科技可以創造優質生活，人文可以陶冶身心，唯有科技與人文兩者相輔相成，社會人心在理性與感性中才能得到平衡，進而提昇人類的生活品質。[註3] 全球最大的電腦晶片供應商英特爾公司董事長葛洛夫指出；「無論科技發展多麼迅速，科技仍是『工具』，最重要的是指使用的『人』，因此，人類的未來，端看人類想要運用科技來做什麼。」這的確是深中肯綮的言論，正說明了資訊科技教育的目標導向，必須築基於「人文的關懷」始具有價值與意義。[註4]

　　在全球邁向知識經濟發展的時代，學校教育的願景，將有所變革。我們應該通過教育的革新，引領全國國民努力追求新知，建構以「人文為本，科技為用」的資訊教育目標導向，培育學生一方面能傳承並延續民族文化；一方面更能適應多元化時代發展的趨勢，以加強創新與應用的能力，進而達成終身學習的社會，以提昇國家的競爭力。茲述迎向二十一世紀，落實資訊科技與人文教育融和願景，以創造終身學習社會的方向與任務，如下：

一、落實網路遠距教學，以創造終身學習社會

　　二十一世紀是一個高度資訊科技化的時代，網路虛擬實境的蓬勃發展，使人類在彈指之間，即可學習到各項新知；一觸即發，就可以將全球的資訊映入到新的視窗，更引領全世界成為溝通頻繁的地球村。網路的普及，改變傳統的教學方式，創新知識傳授的新途徑。在教學的模式上，也展現了不同的風貌，包括網路教學、多媒體教學、虛擬教室教學⋯⋯等，透過高速通訊網路（ATM 或 ISON）建立起師生之間進行互動、面對面溝通的教學環境，教師對於學生學習狀況，也可以透過 Email 與家長做聯絡溝通。^(註5)

　　整合性的資訊系統，有著融合教育與生活的能力。遠距教學的普遍與網路通信的發達，使得學者不一定需經由傳統的學校教育習得所需的知能。所以教育部曾志朗部長提出「電腦將是新世代教育的助力，因為電腦的幫助，將使教育能即時達到『因材施教』的目標，教學方案也可以為學生『量身打造』」，因此每位教師應該具有資訊與網路知識的素養，使資訊教育向下紮根，讓教師、學生都可以同時在異地上網合作學習，進而使家庭、學校、社會連接在一起，以推動終身學習的教育目標。^(註6)

二、加強人文教育，以營造和諧溫馨的社會

　　目前我國已走向網路化、電子化、數位化的高科技社會，尤其是網路的推出，更實現了遠距教學的夢想。但是社會結構的重組，人們價值觀的改變，尤其是倫理觀念的淡

泊，更使人們慨嘆世風日下，人心不古，因此陳總統語重心長的呼籲國人說：「科技帶來富足也造成失序，急待人文藝術以充實心靈」。[註7] 所以加強人文教育，不但可以營造和諧溫馨的社會，並可以健全青少年的人格，消弭青少年犯罪問題。

人文精神是中華文化的支柱，也是維繫倫理道德的基石。人文一詞，最早見於《易經》，所謂：「觀于人文，以化成天下。」《孟子滕文公上篇》說：「人之有道也，飽食煖衣，逸居而無教，則近於禽獸。聖人有憂之，使契為司徒，教以人倫，父子有親、君臣有義、夫婦有別、長幼有序、朋友有信。」因此，自至聖先師孔子以來，歷代的思想家，都特別重視「以人為本」的教育思想，認為人而無教，則行為近於禽獸。

人文教育涵蓋了民族精神教育、倫理道德教育、生命教育、情意教育、兩性平等教育……等方面的課程。在教學方面，應著重創造力的啟發，經驗的學習以及情意的陶冶，其最終的目的，是達到個人自我之實現，使個人更富人性化，以增進人際關係。[註8] 因此為導正資訊教育所帶來負面的影響，所以各級學校就應該加強人文教育，以陶冶學生的人文素養及美化人生，進而營造和諧溫馨的社會。

三、推動社會通識教育，以倡導全民讀書風氣

依據我國的社會教育法，所訂的社會教育範圍包括成人教育、家庭教育、文化教育、藝術教育、大眾科技教育、交通安全教育、圖書館教育、博物館教育、視聽教育等九項。

其主要目的，在於發展全人教育及終身教育。由於一般人對
於社會教育的認知模糊，大家仍停留在「坐而言，而不知起
而力行」的階段。因此加強社會通識教育，乃是邁向終身學
習社會必經的途徑。

要如何推動「書香社會」，以倡導全民讀書風氣呢？首
要之途就是廣建圖書館及加強圖書館軟體設施，如圖書館資
料全面電腦化，使讀者借書、還書、查閱資料，都能節省時
間。圖書館蘊藏了國家豐富的文化資源，所謂「大漢文章出
魯壁，千秋事業藏名山」正說明了圖書館是發展文化，傳播
知識及推動社會教育的基石。

教育行政單位應該響應新政府所大力推展的兒童閱讀課
外書籍的良好習慣，大家一起關掉電視，走進浩瀚無邊的書
香世界中。人人抱著「活到老，學到老」的精神，多以新知
充實自己，使自己「日知其所無，月無忘其所能」，如此才
能日新又新，超越自我，進而培養宏觀的器識，以迎接二十
一世紀的來臨。

四、落實教師進修管道，提昇教師專業素質

教育的成敗，實繫於教師的良窳，所謂「良師興國」，
洵非虛言。跨世紀教育挑戰的重點，在於資訊教育的普及與
人力素質的提昇。因此每位教師，應該充實自己的資訊專業
知識，並且運用科技整合的方法，設計有創意的課程，營造
良好的學習環境，輔助學生認真學習，以提昇教學成效，並
且利用遠距教學，傳遞文化的精髓。[註9] 未來的資訊科技將
提供更多的教學資源，以實現教師教學的創意與理想，並且

可建立網頁,將學校相關資訊直接提供給社區分享。

《禮記》上說:「師嚴然後道尊,道尊然後民知教學。」師道的尊嚴,植基於教師的敬業精神與專業素養。因此,在邁入二十一世紀教育變革與開放教育的趨勢下,每位為人師表者,應該具備的資訊素養包括:「網路之應用能力」、「學科之整合能力」、「電腦應用之知能」、「軟體選用之能力」……等。在教學方式上,電腦多媒體與網際網路的運用,更是學生學習的動機來源。所以每位老師應該具有應用電腦輔助教學(CAI)的教學技巧,打破僵化的傳統教學方式,統整各類學科,藉著電腦與其他設備的輔助,以引起學生學習的動機,激發學生的好奇心及創造力。[註9]

五、加強校園安全工作,塑造良好的教育環境

良好的教育環境,是學生身心成長的樂園。學校教育是家庭教育的延伸,也是莘莘學子學習各種知識、培育健全人格、發展良好人際關係的重要場所。而校園裡諄諄教誨學生的師長,猶如家庭中的父母,以愛心、耐心、細心、及適時、適性,適切的方法,引導學生發揮人格特質,以開創自己光明的未來。因此,教育工作者應為學生塑造安全而良好的教學環境,使他們的身心得到健全的發展。

基本上學校安全教育的實施,最主要的目的是建立學生具有危機的意識,協助學生發展居安思危、臨機應變的能力;並且提高教師對於生活環境安全的警覺,以確保學生的安全,減少意外的發生。目前中等學校內執行的「璞玉專案」、「春暉專案」、「認輔制度」等,都是針對不同的對象給予

個別輔導，以消弭青少年犯罪行為，使青少年身心得到健全
的發展，進而建立祥和社會，以厚植國力。

六、推展多元智能教育，以培養具有全方位能力的國民

在跨世紀前夕，多元化的教育理念及多元智能的開發，
已成為世界各國推動教育改革的重要目標。根據美國教育家
迦納（Gardner）的研究，指出人類具有語言（Linguistic）、
空間（Spatial）、邏輯／數學（Logic-Mathematical）、身體動
作（Bodily-Movement）、音樂（Musical）、社會（Social）、
個人（Self），自然（Naturalist）等八項智能（Intelligence），
因此每位教師都應該體認孔子「因才施教」的真諦，用多元
的角度去看待每一位學生，啟發個人不同的潛能，以培養他
們的思考力及創造力，進而開創自己光明的未來。[註10]

多元智能的教學功能，可以促進中、小學教育的正常化、
多樣化，尤其在九年一貫課程即將實施、十二年國教的實施、
高中多元入學管道暢通的今日，我們樂見今後多元智能教育
制度的開啟，在教學活動中注入新意，引導學生適應「瞬息
萬變的社會」為學習的主軸，跨學科的整合，開啟學生全方
位的能力；智能教育與文化陶冶相輔相成，提供學生適性發
展的學習環境，進而培育學生朝德、智、體、群、美五育並
進的理想目標邁進，成為具有高智商（IQ）及高情商（EQ）
的現代國民，為臺灣的教育開創出新契機。

肆、結論

教育是希望的工程，學校是慧命的搖籃，我們必須以道

德文化作基礎，用資訊科技作守護慧命的磐石^(註11)，以迎接二十一世紀資訊科技發達的多元化時代。網際網路已成為新世紀競爭的關鍵；終身教育，則是走出知識迷宮的指南。因此學校教育應該引導學生朝向「網路人、創意人、文明人」三個方向邁進，並且培養學生有解決問題的能力及能夠終身學習的科技人才，政府和民間應該建立合作關係，使教育對象全民化、內容生活化、方式多樣化，以建立一個以終身學習為主軸的教育體系。^(註12)

面臨跨世紀的教育挑戰，每位為人師表者，就應該體察時代的需要，掌握世界的脈動，作前瞻性的規劃，並且以教育家劉真的名言：—樹立師道的尊嚴，發揚孔子樂道的精神—自勉，來點燃知識的火炬，讓資訊科技與人文教育融和的願景，向下紮根，向上發展，進而帶動國家的經濟發展，以提昇國家的競爭力。

附註：

1. 見溫明正「e世代資訊變革的校園生態」，臺灣月刊598期第七頁，二〇〇〇年十月。
2. 見王建華「教學媒體的發展趨勢」，社教雙月刊第六頁，一九九八年四月。
3. 見曾建華，臺北報導「結合科技與人文，提高生活品質」，文建會、宏碁基金會與中國時報共同舉辦「科技與人文高峰會」，中國時報第七版，八十九年十一月十六日。
4. 見姜得勝「資訊教育目標導向芻議——人文為本，科技為用」，八十七年臺灣教育，第十五頁。
5. 見溫明正「跨世紀網路教學之探討」，師友月刊二〇〇〇年六

月，第十三頁。

6. 見曾志朗部長：「電腦是新世代教育的助力」，八十九年十月
二十九日，國語日報第二版。

7. 見陳水扁總統：八十九年國家文藝獎頒獎典禮致詞，八十九年
十月一日，國語日報第一版。

8. 見陳立夫「孔孟學說與人文教育」，人文教育，第十二講，第
六頁。

9. 見溫明正：「e 世代資訊變革的校園生態」，師友月刊，二〇
〇〇年十月，第十二頁。

10.見林家永：「多元智能的開發」，臺灣月刊596期，八十九年
八月，第八、九頁。

11.見聖嚴法師：在慈濟教育完全化慶祝大會的演講稿，「慈濟道
侶」，八十九年十一月。

12.見曾志朗部長：「超現代的三人主義」，對臺灣師範大學學生
的演講稿，八十九年九月十四日。

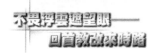

八、知識經濟時代教育發展之願景

壹、前言

　　時代的脈動，日新月異，歷史的見證，亙古不移。英國哲學家培根（Francis Bacon）在三百多年前提出「知識就是力量」的名言。隨著世紀的遞嬗，仍衝擊著二十一世紀「知識經濟」（Knowledge Economy）的思潮。在一九九六年「經濟合作開發組織」（OECD）發表了「知識經濟報告」，認為以「知識為本位的經濟即將改變全球經濟發展的型態，知識已成為提昇生產力與經濟成長的主要驅動力」。所以國際知名經濟學家梭羅（Lester C. Thurow）指出：「未來將是以知識為基礎的競爭，對個人和國家而言，創造及運用知識的技術將成為競爭的關鍵。」這段深中肯綮的言論，強調知識是財富的新基石，也是運籌帷幄決勝千里的指南，誰掌握了知識，誰就掌握了致富的契機。[註1]

　　從先進國家的發展經驗中，知識已被大家公認為人力資本和科技的核心，主導著一個國家的經濟發展。而教育的力量，更是為國家培育人才及培植經濟發展的沃土，也是掌握未來發展的優勢契機，提昇國家競爭力的標竿。邁向新世紀，多元化的教育思潮，也隨著知識經濟時代的來臨，深深牽動著臺灣的未來。而一九九六年聯合國教科文組織所推動的終身學習的四大支柱：（一）學會學習（learning to know）（二）學會做事（learning to do）（三）學會共同生活（learning to lie together）（四）學會創發（learning to be），^{（註2）}更是我們今後推動教育改革的圭臬。因此每位為人師表者，就應該隨時充實自我的專業知能，體察時代的需要，掌握世界的脈動，作前瞻性的規劃，以落實知識經濟時代的教育願景，開拓教育的新境界，並且培育具有全方位能力的時代青年，進而提昇國家總體的競爭力。

貳、知識經濟對我國學校教育衝擊之省思

　　教育的興革，經緯萬端，錯綜複雜。而教育的推動，必須因應政治情勢、經濟的發展、社會的現況，和全球化的影響而有所變革。知識經濟的本質是以知識、科技、創新和資訊等因素為核心，對目前我國各級學校的教育體制有深遠的影響。^{（註3）}美國教育家杜威（John Dewey）強調「教育必須永遠往前推動」。的確為了因應知識經濟時代的來臨，多元化的教育理念——人本化、民主化、科技化、國際化，已成為新世紀各國推動教育改革的發展趨勢。從「師資培育的多元化，以提昇教學品質」、「各級學校學制的彈性擴大，以提昇學生學習成效」、「聯考方式的多元化，以培育全方位的時代青年」、到「資訊科技教育與人文教育結合，以落實終身學習的教育理念」、「校園倫理的重建，以消弭青少年犯罪問題」、「改善偏遠地區教育設施，以平衡城鄉教育發展」……等教育方案，這都是推展新世紀教育刻不容緩的重要工作。

　　面對知識經濟時代的來臨，經濟社會結構的快速變遷，未來人力資源將會主宰整個經濟市場。盱衡我國各級學校的

教育現況，最大的癥結仍是墨守舊規，缺乏創新求變的機制，也就是缺乏「知識管理」（Knowledge Management）的理念。所謂「知識管理」，就是透過知識的統整與創新，有系統、有計劃地將知識應用於學校實務上，不但賦予學校發展過程中所需的動態，同時亦能不斷檢視和覺察學校本身所應承擔的責任，作為引導學校教育朝向多元化發展的指導方針。^{（註4）}如何完成知識經濟時代的教育改革目標，這是邁向二十一世紀的一項重大挑戰。從事教育工作者，的確應該凝聚共識，培養宏觀的視野及終身學習的理念，以增進自己之專業知能，發揮百年樹人興國大計的功效，進而造就出優良的國民，以厚植國本。

參、知識經濟時代教育發展之願景

在全球以知識經濟為導向的時代中，知識已成為新世紀競爭的關鍵；國力的盛衰，將取決於知識的運用與發展，而國民的知識與才能是國家最大的財富資源，因此良好的教育制度，是推動國家進步的原動力。所以陳水扁總統期勉全國教師說：「結合家庭、學校、社會的整體力量，將身教、言教、境教、制教的教育功能充分發揮，真正實現至聖先師孔子所揭示的有教無類、因材施教的教育理念，營造一個安全健康又溫馨的學習型校園，是當前最重要的議題。」^{（註5）}這一番語重心長的言論，值得每位為人師表者深思與警惕。

至今，面臨全球經濟衰退，世局動盪不安，以及國內社會環境丕變的影響，革新我國當前教育的缺失，乃是改造社會的主導力量。因此今後教育的發展，不能再侷限於知識的

灌輸而已，必須引導學生懂得主動學習、思考問題、自我探索，並且以宏觀的視野，獨立自主的創造思考力，來因應國際地球村的變遷。在邁向知識經濟發展的時代，學校教育的願景，不能再抱殘守缺，應該推陳出新，有所變革。並且配合政治、經濟、科技的發展，與家庭教育、社會教育相輔相成，鼓勵全國人民努力追求新知，加強創新與應用的能力，進而達成終身學習的社會，以引領國家邁向璀璨光明的二十一世紀。茲述知識經濟時代教育發展之願景，如下：

一、加強幼兒教育，以開發國民學習潛能。

家庭是每一個人成長的搖籃，更是終身學習教育的最佳場所。根據最新的研究發現，零到六歲是人格發展的關鍵期，直接影響到孩子長大後自信或自卑、樂天或悲觀、合群或孤獨的情緒發展。因為「家庭是學習 EQ 的第一所學校」，幼兒學習的過程，不僅是透過父母的管教、透過觀察，並且學習父母的行為與彼此的相處之道，所以父母的言談舉止，對幼兒的道德發展，有很大的影響力。[註6]教育家福祿貝爾說：「教育無他，愛與榜樣而已。」因此父母教養子女，除了要以身作則外，更應該多充實自我的知能，肩負起培育民族幼苗的重責大任，培養子女從小就具有終身學習的理念，以增進生活知能，進而開創海闊天空的未來。

世界各國教育發展的共同趨勢是向下紮根，向上伸展，幼兒猶如民族的幼苗，必須悉心呵護與教育，才能成長茁壯。幼兒教育是國民教育的基礎，因此我們不能揠苗助長，應該為幼兒教育提供多元且快樂安全的學習環境。首先，應該將

幼兒教育納入正規的教育體系中，提高幼兒五歲入幼稚園求學的比例、輔導公、私立幼稚園立案，以擴增幼兒教育的機會、提昇幼教師資素質、改進教材教法，以充分開發幼兒潛能，都是推展幼兒教育刻不容緩的重要目標。[註7]

二、落實九年一貫課程，以提昇國民素質

國民中、小學教育是我國各級學校教育的主體，也是目前問題較嚴重的教育階段，因為國中教育發展不正常，直接影響到高中以上教育的良窳，當前最急切的改革方針就是要落實五育並重的正常化教育。[註8]因此為貫徹正常化教學，以紓解升學壓力，解除聯考的桎梏，「九年一貫課程」已經在九十年九月在全國各小學展開，使未來學生從小學、國中、高中到大學，都有一套完整、多元與彈性的升學管道，跳脫昔日的聯考制度，讓學生更能發揮創意思考和學習潛能。

教育改革的重心在「課程」，「九年一貫課程」以「課程統整學習」為原則，將各科的界限打破，重新融合統整，產生一個有系統、有組織的新學習單元。並且將課程分為語文、數學、自然與生活科技、藝術與人文、社會、健康與體育、綜合活動等七大領域，來統整國中的十二個學科，國小的十五六個學科，目的是為了解決教材繁複的問題，以減輕學生的負擔，讓學生的學習能力和生活結合。而「生活素養、生計發展、生命價值」是高中課程要兼顧的方向。透過有系統的新學習單元，以開闊視野，增廣見聞，培養待人處世的能力，以因應知識經濟時代之需求。[註9]

三、推動終身學習機制，以建構學習社會。

在知識經濟蓬勃發展的時代，唯有提高人力素質，才能迎接各項挑戰與開拓新局。因此學校教育願景，應該以科技與知識為經，以全民學習為緯。人人以活到老，學到老的精神，激發自己的潛能及創造思考力，來建立終身學習的社會為鵠的。電腦科技文明一日千里，網際網路（Internet）的推出，實現遠距教學的夢想，在滑鼠指點之間，無限延伸的視窗，為人類開啟了奇異多采的宇宙。並且可以穿越時空隧道，讓古聖先賢的智慧結晶，如源頭活水般，一一呈現在我們的眼前。在「人人會電腦，個個會上網」的目標下，電腦走入了家庭、學校及社會，成為人類互通訊息最便捷的工具。

整合性的資訊系統，有著融合教育與生活的能力。遠距教學的普遍與網路通信的發達，使得學者不一定需經由傳統的學校教育習得所需的知能。在未來的教育發展中，我們預期教學的方法及學生學習的方式，將會隨網際網路的日新月異而改變。例如：利用網路傳遞訊息，利用虛擬實境（VR）讓學生作身歷其境的感受……凡此種種都會使得現行的教育系統產生極大的變化。而電子郵件的使用，可以互相傳遞文字、聲音、影像……等，不僅可以寓教於娛樂，更可以達到「寓教於生活」的目的，不但縮短城鄉教育的差距，更使得社區化的學習更為普遍，以落實遠距教學的目標，及滿足全民終身學習的需求。(註10)

四、加強人文教育，以營造溫馨和諧的社會。

環顧國內社會的發展，經濟目標高懸，社會價值體系低俗，法治精神日漸式微。益之以重視資訊科技，導致人文精神沒落，青少年犯罪率也節節昇高，使得傳統的校園倫理受到嚴重的衝擊與考驗。因此為導正資訊教育所帶來負面的影響，所以各級學校就應該加強人文教育，以陶冶學生的人文素養，健全青少年的人格，進而營造溫馨和諧的社會。　國父說：「社會國家者，互助之體也；道德仁義者，互助之用也。」正說明了要改善現代社會人心庸俗、物質、功利等特質，為了挽救文化斷層的危機，就應該以人文精神喚起人的自覺，提昇人類的地位與價值。

人文教育涵蓋了民族精神教育、倫理道德教育、生命教育、情意教育、兩性平等教育……等方面的課程。在教學方面，應著重創造力的啟發，經驗的學習以及情意的陶冶。[註11] 英國牛津大學副校長黎芬司東（LTINGSTONE）在他所著〈一個動盪世界的教育〉一文中說：「教育應以養成德操為第一要務；而德操的養成在使學子多看人生中偉大的事情，多識人性中上上品的東西。人生和人性的上上品，見於歷史和文學中的很多，只要人們知道去找。」[註12] 這的確是發人深省的言論，因此各級學校應該加強國文、哲學、歷史、公民與道德方面的課程，使學生由認知層次，提升為篤實踐履，以培養健全的人格，進而成為明禮義、知廉恥、孝順父母、尊敬師長、友愛同學的好學生。

五、重視師資培育，以提昇教學品質。

教育是百年樹人的興國大計，而每位教師卻是推動教育進步的原動力。在多元化的時代裡，每位為人師表者，應該要以「苟日新，日日新，又日新」的態度，不斷的充實自己的專業素養及電腦網路之運用能力，幫助學生攝取知識，促進學習，增進智能，進而激發學生的好奇心及創造力，以迎接二十一世紀的挑戰。終身學習的範疇是以永續教育或終身教育的理念為主軸，教學工作應該跨出教室，延伸到更廣的學習社區，因此師資培育的開放，有助於教育競爭與多元化的發展。

在教學內容上，更是包羅萬象，舉凡基本的教育專業知能、通識教育知能外，也包括了「網路之運用能力」、「學科之整合能力」、生活、休閒、經濟、社會……等知能，以實現教師教學的創意與理想。因此在多元化的教育功能引導下，每位教師，除了以「經師」自我期許外，更應負起「人師」的責任，修養完美的人格以表率群倫，更應該把握終身進修學習的機會，來充實自我的專業知能，並且以「因材施教」、「有教無類」的原則，循循善誘學生，來提昇教學的品質與學習社會的建立。

六、提昇技職教育，以培育有創意的專業人才

為了因應知識經濟時代的來臨，培養有創造力的人力資源，進而促進社會整體的發展與國家科技的進步，已成為世界各國致力於技職教育改革與提昇的重要目標。因此教育部

為了提昇我國的技職教育，除了規劃多元入學方案，在制度上，今後普通教育、技職教育與回流教育三管道可以互通與交流，以因應新世紀的需求，期使個人得到適才適性的發展。並且落實職業證照制度，加強職業訓練，改進技職教育課程，以加強學生的基本學科能力及職業道德的涵養。[註13]

澳洲學者伊利半亞德說：「要開拓事業，求得成功，每個人必須有三張教育護照；一是『學術性護照』、二是『職務性護照』；三是『證明自己有開拓能力的護照』。」[註14]正說明了人生於世，要在不斷的學習中求進步，以活到老、學到老的精神，培養國際觀及地球村的知識，進而激發自己的潛能及創造思考力，以順應世界潮流的變遷。而社區大學的設立，將帶動全民學習的風潮，以提昇國民的素質及國家的競爭力。

肆、結論

教育是引領國家進步的標竿，終身教育（life long education）與終身學習（learning through life）已經成為二十一世紀的教育發展主流，而推動此目標的原動力就是教師。面對知識經濟發展的時代，每位教師應該以終身學習的理念，來建構以人文為本，科技為用的「綠色矽島」，並且培育學生具有人文情懷、科技素養、國際意識，成為有創新與應用能力的優質國民。

教育部曾志朗部長語重心長的呼籲全國教師：「大家要朝下列三個方向去努力：第一、加強處理資訊的能力。第二、提升以學習成效為中心的教學能力。第三、恢復教師的尊嚴，

營造安詳的校園風氣。」^{（註 15）}因此每位教師應該身體力行，將知識經濟的三大要件——創新、冒險進取、科技^{（註 16）}，落實在自己的專業智能上，讓知識經濟時代的教育願景，向下紮根，向上發展，進而以全方位的教育內涵，來培育優秀人才，以增進國家的整體競爭力。

附註：

1. 見天下書選——知識經濟時代，天下雜誌二〇〇〇年七月一日第二三〇頁。

2. 見一九九六年聯合國教科文組織出版《學習——財富蘊涵其中》（Learning The Treasure Within）。

3. 見湯志民《知識經濟與教育轉型》教育資料與研究地四十一其第十四頁，九十年七月。

4. 見高博銓《知識管理以提升學校效能》，師友月刊 383 期，第三十頁，一九九九年五月。

5. 見陳水扁總統，九十年教師節慶祝大會致辭，國語日報，九十年十月五日第一版。

6. 見國語日報轉載天下雜誌一九九九年教育特刊，《樂觀、自信、有道德、從小決定》八十八年十一日二十四日。

7. 見王宮田《臺灣省教育發展的新方向》，師友月刊三八三期，第六頁，一九九九年五月。

8. 見李建興《展望教育的新紀元》，教育與人生，三民書店，第三二六頁。

9. 陳木城《九年一貫在教育改革中扮演的角色》，國語日報，九十年九月六日，第十三版。

10. 見王建華《教學媒體的發展趨勢》，社教雙月刊第六頁，一九九八年四月出版。

11. 見陳立夫《孔孟學說與人文教育》，人文教育，第十二講，第六頁。

12. 見江雲鵬《郁郁乎！人文教育》師有月刊，八十二年二月。

13. 見前教育部長林清江部長《當前技職教育的改革與發展》，教育家雜誌，第二頁。

14. 見陳國彥《臺灣的課程改革與社會科批判性思考教學》，文教新潮，December, 1998, Volume3,Number5，第十八頁。

15. 見教育部曾志朗部長《致全國教師公開信——許自己一個不同的未來》臺灣省教育通訊，127 期，第三頁。

16. 見張忠謀《董事長談管理學之新課題》，晶園雜誌，第五十六期，第十頁。

九、《三民主義》與現代教育思想

壹、前言

　　中國學術，經緯萬端、內容宏富、博大精深，源遠流長。中國學術之慧命，歷經朝代的更迭，卻是歷久彌堅，日新又新。這一力挽狂瀾的力量，就是「萬物並育而不相害，道並行而不相悖，小德川流，大德敦化，此天地之所以為大地」《中庸》的文化包容性，承先啟後，涵攝外來文化之衝擊，陶融傳統文化之精華、與時推移、踵事增華，兼容並蓄，使得中國學術「致廣大而盡精微，極高明而道中庸」。朱熹詩中說：「舊學商量加邃密，新知涵養轉深沈」，的確是深中肯綮的高論。

　　中國學術綿延五千年，猶如不盡長江天際流，為中國歷史文化的傳承，澎湃奔騰。中華民族五千多年的歷史文化，匯集各家各派的思想，結合各種族的力量、從夏、商、周開始，經歷秦、漢、唐、宋、元、明、清，以迄於今，形成深廣無比的文化洪流。中華民族的道統文化內容宏富，融冶了儒家的仁道，道家的空靈，禪宗的淑世於一爐。[註1]梁啟超先生曾說：「中華民族之所以存在，因為中國文化存在，而中國文化離不了儒家，若把儒家抽出，中國文化恐怕沒有多少東西了。」由此可知儒家的學術思想，不僅是中華文化的主流，而且也是我們修齊治平的準繩。「天不生仲尼，萬古如長夜」，至聖先師孔子猶如一顆慧星，照亮中華文化的前程，開啟我國私人講學的先河，樹立為人師表崇高的地位，並且集三代學術思想的大成，奠定了儒家學說的理論基礎，而孔孟學說

更是垂教萬世的金科玉律及為人處世的典範。

貳、三民主義、傳承中國學術道統

在清末國勢阽危之際，社會組織之解體，民生之凋敝，使得朝野上下震攝於西洋列強國家之船堅炮利，乃有「中學為體、西學為用」的主張，期能「師夷之長以制夷」。在西方文化的推波助瀾之下，五四新文化運動的洪流，沖滌了傳統的儒家倫理思想，造成了國人思想的真空，使得馬列主義得以乘機滋蔓人心，更是共產邪說的始作俑者，午夜思維，猶令人椎心泣血。這一股文化逆流，的確是中國之不幸。

一代聖哲　國父的誕生，猶如啟明復旦，使中國文化在孔子歿後二千多年以來，又重現曙光。　國父聰明睿智，一方面承受孔子所集的學術思想大成，一方面又吸收歐美各國文化的精華，益之以所獨見而創獲者，以構成精深博大的三民主義。　國父認為建國之道，乃以倫理為誠正修齊之本，以民主為福國淑世之則；以科學為正德，利用、厚生之實，所以倫、民主、科學，乃三民主義的本質，亦即為中華民族傳統文化的基礎。三民主義主張民有、民治、民享，以安本國，更進而主張民族平等，相與濟助，以安世界。把民族性的文化擴大為世界性的文化，此種救國主義精神之發揚，為中國文化迎頭趕上世界文化開啟了康莊大道。^{（註2）}

國父在《中國革命史》乙書中說：

「余之謀中國革命，其所持主義，有因襲吾國固有之思想者，有規撫歐洲之學說事蹟者，有吾所獨見而創獲者。」

　　國父的《三民主義》繼承了中華文化的優良傳統，把堯、舜、禹、湯、文、武、周公、孔子相繼不絕的精神從專制的塵封中找回來，使之推陳出新，又擷取西方文化的精華，把西方的科學思想注入中國的智慧中，使之日新又新，這種允執厥中，力挽狂瀾的精神，使中華文化能夠順應世界潮流而發揚光大。所以先總統　蔣公說：「自有生民以來，蓋未有盛於孔子，尤未有盛於　國父者也。」這的確是寓意深遠的至理名言。[註3]

　　國父在中華文化面臨存亡絕續的時會裡，發明《三民主義》，以傳承我中華民族之道統為己任，乃使我國五千年民族文化歷久而彌新，並且昭告國人說：「現代國家，非有獨立自尊的精神不可，其國不可以利誘，不可以勢劫，而後可以自存於世界。即令摧毀，亦可復興。……欲圖恢復獨立自尊的精神，轉弱為強，必須先恢復固有的文化。」茲舉其道傳承中國學術道統之犖犖大者，加以陳述如下：

（一）人文精神

　　人文精神是中華文化的支柱，也是維繫倫理道德的基石。人文一詞，最早見於《易經》，所謂：「觀于人文，以化成天下。」《尚書‧堯典》上說：「帝曰：契，百姓不親，五品不遜，汝作司徒，敬敷五教，在寬。」傳：「五品：謂五常（即五倫）。遜，順也。布五常之教在寬，所以得人心。」《孟子‧滕文公上篇》說：「人之有道也，飽食煖衣，逸居而無教，則近於禽獸。聖人有憂之，使契為司徒，教以人倫，父子有親，君臣有義，夫婦有別，長幼有序，朋友有信。」又說：「夏

曰校，殷曰序，周曰庠，學則三代共之，皆所以明人倫也。」
因此自至聖先師孔子以來，歷代的思想家，都特別重視「以
人為本」的教育思想，認為人而無教，則行為近於禽獸。

我們中國自至聖先師孔子以來的歷代先哲，大都主張心
物並重，而且認為心為物主，役物而不役於物。」　國父說：
「有道德始有國家，有道德始成世界。」並且在《孫文學說》
中以用錢為證的一章，對人文的意義已有明白的解釋。

「欲知金錢之先河，買賣之導線者，必當從人文進化之
起源，著眼觀察。」

又說：「由此觀之，非綜覽人文之進化，詳考財貨之源流，
不能知金錢之為用也。」細閱全文，則知　國父所創的《三
民主義》與人文主義最有關係，三民主義求真，建設以科學
為基礎的民生主義；三民主義求善，建設以倫理為基礎的民
族主義；三民主義為美，建設以民主全為基礎的民權主義，
所以說三民主義，也可以說是一種最高的人文主義。[註4]

孔孟學說是中庸平和的，它的中心觀念是積極、入世，
以人為本位的，並且認為人性的發揚與人格的完成，是實踐
倫理和社會道德。[註5]所以孔子說：「弟子入則孝，出則孝，
謹而信，泛愛眾，而親仁，行有餘力，則以學文。」《論語‧
學而篇》；孟子主張「人性本善」，認為「人皆可以為堯舜《孟
子‧告子篇下》；《大學》開宗明義章上說：「大學之道，在明
明德，在親民，在止於至善。」可知中國幾千年來的儒家教
育思想都以發展人性，培養人格為基礎。　國父曾昭告國人
要以「人格救國」說：

「我們人類的天職，是應該做些什麼事呢？最重要的就是令人群社會天天進步。要人類天天進步的方法，當然要合大家的力量，用一種宗旨，互相勸勉，彼此身體力行，造成頂好的人格。人類的人格既好，社會當然進步。」

又說：「我們要正本清源，自根本上做工夫，便是在改良人格來救國」。

由此可見，人格教育的重要性，不僅可以推動社會的進步，更可以「人格來救國」和「恢復國際的地位」，進而達到人文教育「內聖」、「外王」的至善境界，所以人格教育可以說是《三民主義》的最高理想。

（二）倫理道德：

中華民族的文化是以道德與倫理為中心，而倫理是我國傳統文化中最受重視的一點，也是家庭、社會、國家、民族所以能維繫與鞏固的主要依據。展開歷史的長卷，可知儒家的倫理道德，以仁為立身處世之本。例如：孔子說：「志於道、據於德、依於仁、游於藝。」《論語·述而篇》；顏淵問仁，孔子回答說：「克己復禮為仁。」《論語·顏淵篇》，孔子告訴子貢說：「夫仁者己欲立而立人，己欲達而達人。」《論語·雍也篇》，由以上所引述孔子的言論，可見「仁」包涵了立身處世的各種美德，也是一個人圓滿人格的表現，而人格必須在人群之中才能彰顯出來。孟子說：「親親而仁民，仁民而愛物。」《孟子·盡心上》，這是儒家倫理道德最偉大的思想，乃是把小我擴充到與天地萬物為一的境界，把仁愛的精神由父母之愛推到全人類及普天下的萬物。孔子曾說：「我不欲人

之加諸於我，我亦欲無加諸人。」這種「己所不欲，勿施於人」的恕道，其蘊意是何等的博大精深。我們中國歷代聖王之所以能夠「濟弱扶傾，興滅繼絕的種種懿行，都是由恕道而來。這正是中華文化精神的所在，也是中華民族所以悠久綿延的根基。

國父說：「有道德始有國家，有道德始成世界。」三民主義的本質為倫理、民主、科學；先總統　蔣公更指出：「倫理應為民主與科學的基礎」，因此在發展科技文明時，必須重視倫理道德教育的價值。　國父在民族主義第六講中昭示國人說：

「講到中國固有的道德，中國人至今不能忘記的，首是忠孝，次是仁愛，其次是信義，其次是和平。這些舊道德，中國人至今還是常講的。」又說：「中國從前的忠孝仁愛信義種種的舊道德，固然是駕乎外國人，說到和平的道德，更是駕乎外國人。這種特別的好道德，便是我們民族的精神，我們以後對於這種精神，不但是要保存，並且要發揚光大，然後我們民族的地位才可以恢復。」

先總統　蔣公在〈國父百年誕辰紀念文〉中說：「　國父之誕生，上距孔子之生焉二千四百一十有六年，　國父之所志，則以繼承堯、舜、禹、湯、文、武、周公、孔子聖聖相傳之道統為己任。」由此可以明白，我們　國父的三民主義的基本精神，就是中國固有歷史文化的結晶，和民族美德的遺傳，亦即是民族的精神，和國家之靈云所在。[註6]

（三）政治哲學：

我國先哲的政治思想，意境崇高，氣象發皇，內容宏富，雖歷經數千年，但其所蘊藏的真理，卻是萬古常新。[註7]如《大學》上說：「格物、致知、誠意、正心、修身、齊家、治國、平天下。」 國父曾認為這段話是中國最有系統的政治哲學，即由一個人的自我修身做起，推廣到治國，平下下上；《禮運‧大同篇》所說：「大道之行也，天下為公。」 國父非常稱頌孔子大同世界的道理，民生樂利，國家富強，是人類文明進步的指標；《書經》所說：「民惟（為）邦本，本固邦寧」之民本思想以及孟子所說：「民為貴，社稷次之，君為輕」之民貴思想；《論語》所主張的「均無貧」的均富思想。由上述可知民權思想在我國古代已有， 國父的民權主義是由我國固有的政治哲學蘊育而成的，並且推陳出新，加以發揚光大，先總統 蔣目公說：「總理研究學問，常常講求最新的知識，但是講到政治倫理，卻常常勸我們去研究我國固有的東西，做溫故知新的功夫。」[註8]

國父畢生奮鬥的最高目標，也就是要使世界進入大同境界，所以在黃埔軍校訓詞中說：

「三民主義，吾黨所宗，以建民國，以進大同。」

但我們可以知道 國父所說的「以進大同」，乃指孔子所說的大同，所以 國父在〈軍人精神教育〉，第五講中說：「將來倘能成立新國家，另有新組織，則必不似舊世界之痛苦。」……，「至干此時，幼者有所教，壯者有所用，老者有所養。孔子之理想的大同世界，真能實現，造成莊嚴華麗之

所新中華民國，且將駕歐美而上之。」

　　史學家錢穆先生說：「在近代中國，能巨眼先矚，了解中國傳統政治，而求逐步唧接上世界新潮流的，算只有孫中山先生一人。」實非過譽之詞。[註9]

參、三民主義教育思想的精義

　　教育是百年樹人的興國大計，也是民族精神文化的標算，國父說：「要中國不亡，而且能有次序的建設，惟有振興教育。」因此於清末國勢阽危之際，　國父高瞻遠矚繼承中華文化一脈相承的道統，並擷取西方文化的精華，創造了三民主義，使我國傳統的教育精神，由專重「倫理」思想演進到兼重「倫理」、「民主」、「科學」的三民主義教育思想，使中華文化更博大精深，而臻於適乎世界潮流，放諸四海而皆準的理想境界。

　　吳稚暉先生曾說：「三民主義是　國父建國之大經，乃教育之根源。」[註10] 因此在今日多元化的時代裡，我們對三民主義教育思想應有的體認，就是每位從事教育工作者，要能結合時代的使命與社會的需要，貫徹中華民國的教育宗旨：「我們之教育，根據三民主義，以充實人民生活，扶植社會生存，發展國民生計，延續民族生命，務期民族獨立，民權普遍，民主發展，以促進世界大同，由此可見我國教育的發展，是以《三民主義》為其最高指導原則，以倫理、民主、科學為基本內涵，以促進世界大同為終極目標。[註11]

　　三民主義的教育思想體大思精，為天地立心，為生民立命，包括以人類科學為中心的自然科學、社會科學、與人文

科學之全部、並且以「人群」、「生存」、「互助」、「進步」四大中心思想，融貫各種科學知識，進而成為現代學術思想的主流。[註12] 茲就三民主義教育思想的精義說明如下：

先總統　蔣公特別昭示我們：「總理三民主義各講、都是我們中國教育宗旨與教育政策的根據，也可以說一部三民主義，就是中國教育的教範。」由此可見，《三民主義》不僅是中國政治上的最高指導原則，同時也是我們教育方面的中心思想。[註13] 三民主義教育思想的精義究竟為何？

第一就是道德教育：三民主義中的民族主義，是以民族平等為基本精神，並且要發揚儒家的民族思想，以民族獨立為起點，以世界大同為目標。所以在民族主義概說中　國父主張：

「民族主義即是世界人類各民族平等。」

「濟弱扶傾及用固有和平道德做基礎，去統一世界成一個大同之治。」由上述可見民族主義特別強調道德教育的重要性，認為要恢復民族的地位，就要把固有的道德－四維八達先恢復起來，教育全國人民成為知書達禮、明禮義、知廉恥、具有民族意識，愛國情操的好國民，進而提昇我國的國際地位。

第二就是民主法治教育：三民主義中的民權主義、是要建設中國成為民主法治的現代化國家。　國父順應世界潮流，提出全民政治與權能區分的主張，建立五權分立的萬能政府，進而鞏固國家的基礎。所以在民權主義概說中　國父主張：

「用人民的四種政權，來管理政府的五個治權，那才算是一個完全的民權政治機關。」

「民權主義要全國男女的政治地位，都一律的平等。」

由上述可知，在實施民權主義的教育上， 國父強調人民應有平等受教育的機會，並且以民主為教育方針，灌輸全國國民正確的民主法治與自由的觀念，期使全體國民人人能遵守國家法紀，重視社會秩序，才能塑造二十一世紀一個民主法治的現代化新中國。[註14]

第三就是科學教育：三民主義中的民生主義，是以科學的計畫，管理及發展，來滿足民生的食衣住行育樂六大需要。所以在民生主義概說中 國父說：

「凡事都是要憑科學的道理，才可以解決。」

先總統 蔣公說：

「實行民生主義的平均地權與節制資本兩個方法，都是用科學方法和科學精神來從事。」

因此，我們要實行民生主義，必須從發展科學教育著手，並且教導人民用科學的精神和方法，以客觀的態度來觀察事實，以科學的方法來解決問題，進而提昇人民的生活水準，以促進福國利民的現代化社會早日實現。

肆、當前我國教育問題的癥結

回顧並檢討政府在復興基地四十多年的教育政策與教育建設，雖然在質與量方面均有顯著的成果，但仍有許多亟待解決的問題存在。根據學者專家指出：臺灣當前最急切解決

的二大社會經濟問題是：「為儘速扭轉教育功能，其次是暢通投資管道。」針對教育問題的報導中說：「過去念書是為了做大事，現代青年對升學的追求卻是為了賺大錢……如果教育功能不儘速重新加以定位，社會治安惡化現象難望改善。」閱讀至此，的確值得國人及教育當局深思與警惕。近年來由於工商業發達，功利主義思潮的激盪，以致民風日漸衰頹，社會脫序的現象，也衝擊到平靜安穩的校園內，使得傳統的校園倫理面臨嚴重的挑戰。從目前青少年犯罪業件統計分析來看，青少年犯罪日增，犯案年齡日趨下降，這些正說明了學生受到社會的引誘日趨嚴重。青少年學生已失去純真善良的本性，取而代之的是強烈自我意識，驕矜自滿，罔顧倫常，以致校園暴戾事件屢見不鮮，尊師重道的思想已日漸式微，而學生越軌的行為卻日益增加，使得傳統的校園倫理面臨挑戰，這的確是值得我們痛下針砭的教育問題。

伍、三民主義與現代教育思想之關係

政府在臺灣地區的教育建設，一直以實踐三民主義的教育政策為依歸，以三民主義為國家的教育宗旨，並且針對國家建設的需要，配合社會的發展為鵠的，將我們現代的社會建設成為一個安和樂利、民生富裕的國家。[註16] 環顧國內社會的發展，經濟目標高懸，法治精神日漸式微，人文精神沒落，教育功能的逆文化取向，導致整體中華文化的分崩離析。因此，當今我們欲挽救頹靡的人心，當務心急，乃是大力推行文化建設，並且要以三民主義教育建設作為目標導向，來推動教育的革新，進而達成教育部長郭為藩先生所大力倡導

的「邁向廿一世紀的文化大國」之目標。茲述如何落實三民主義教育建設，以塑造文化大國之管見，如下：

第一、實踐三民主義：先總統　蔣公曾說：「倫理、民主、科學，乃三民主義思想之本質，亦即為中華民族傳統文化之基石也。」又說：「今日復興基地之臺灣省，實為匯集我中華文物精華唯一之寶庫；且又為發揚我中華民族文化使民富且壽之式範也！」今日中華文化復興運動，首要之途，就是實踐三民主義，遵循「倫理為誠正修齊之本；民主為福國淑世之則；科學為正德、利用、厚生之實」的指導原則與日常生活相結合，以實踐力行為依歸，使中華民族文化在現代化 之趨勢下而日益發揚光大。[註17]

第二、加強社會教育：我國憲法第一五八條規定：「教育文化，應發展國之民族精神、自治精神、國民道德、健全體格與科學及生活智能。」因此加強社會教育，應從推行「國民生活須知」及「國民禮儀範例」著手，以端正社會人心、改善國民生活習性，使我們的社會人心涵泳於仁、義、禮、信的文化倫理之中，使人人忠於國家、民族，教順父母、禮仁尚義，啟智務信，進而建立一個祥和的社會。其次要利用大眾傳播媒體，來倡導善良風俗與公正輿論，以發揚固有文化與民族正氣。所以大眾傳播媒體應本著仁愛心宣揚主題正確的節目，如闡揚倫理道德、民族正義的內容，以及推動書香社會，以端正社會 風氣，使中華文化植根於每個國民內心深處。

第三、加強人文教育：我們中國自孔子以來的歷代先哲，大都主張心物並重，而且認為心為物主、役物而不役於物。

先總統　蔣公昭示倫理應為民主與科學的基礎，都在闡明人
文精神足以指引科學發展的方向，更進一步說明在發展科技
文明時，必須重視教育的價值，所以美國現代歷史哲學家杜
蘭博士說：「中國歷史可以孔子學說影響來撰述。孔子著述，
經過歷代流傳，成為學校課本，所育兒童入學之後，即熟讀
其書而領會之。此一古代聖哲的正道，幾乎滲透了全民族，
使中國文化的強固，歷經外力入侵而巍然不墜；且使入侵者
依其自身影響而作改造。即在今日，猶如往昔，欲療治任何
民族因唯智教育以致道德墮落，個人及民族衰弱而產生的混
亂，其有效之方，殆無過于使全國青年接受孔子學說的薰陶。」
這一段深中肯綮的言論，證明孔孟學說中的倫理道德，的確
具有新時代的意義，而我們的文化復興運動，絕非抱殘守缺，
固陋不通，而是要讓人文與科際二者合流，以實現三民主義
的新文化。(註18)

　　第四、落實民主法治教育：實施民主憲政是民權主義的
主張，也是三民主義的理想。民主法治教育是生活教育的根
本，因此各級學校首先要加強公民與道德教育，強化生活與
法治的重要性，及法治觀念的宣導，使學生了解要以「守信」
來發揮政治的道德精神，以「守法」來保障民生的精神，以
「守分」來確定自由的分際，強調「守信、守法、守分」以
培養民主自由的實質，使政治、經濟和社會以及人民的生活，
均能在政局穩定，國家安全的軌道上運行，以提昇學生對法
律常識的認知能力，期能經由學校民主法治教育的落實，以
匡正時弊，進而提昇國民素質；並且了解選賢與能的道理，
使人盡其才，為國家社會竭智盡忠，建設安和樂利的社會以

奠定憲政的良好基礎。

　　第五，培養實事求是的科學精神：西洋文化是以追求客觀真理為動機，此種鍥而不舍、實事求是的精神，奠定了現代科學之基礎。歸納和演繹並用的科學方法，使笛卡兒發現了代數方程式可用幾何圖上的座標曲線表示；牛頓經由「大膽的假設，小心的求證」後，發表了「萬有引力定律」，他們不僅在數學、物理等基本科學中建立了內容的規範，並從他的發現體驗出科學方法運用的奧妙。[註 19]　國父曾倡導「知難行易」的學說，來糾正國人畏首畏尾，缺乏進取的態度。而今，環顧國內許多年輕人好高騖遠，不切實際，只知坐而言，卻不知起而力行的毛病日益嚴重。因此西洋現代文化的科學精神，的確是我們治學、做人的圭臬，人人發揮實是求是、精益求精、繼續不斷、貫徹始終的科學精神，如此才有成功的希望。

陸、結論

　　教育是百年樹人的興國大計，也是民族精神文化的標竿，負有綿延發皇文化傳統與推動國家進步的神聖使命。唐君毅先生在〈為中國文化敬告世界人士宣言〉一文中說：

　　「如果中國文化不被了解，中國文化沒有將來，則這四分之一的人類之生命與精神，將得不到正當的寄拖和安頓；此不僅將招來全人類在現實上的共同禍害，而且全人類之共同良心的負擔將永遠無法消除。」

　　這一番話重心長的話，令我們感愧良深，更肯定了中華

文化的命脈,有如源頭活水,永不止息,中華文化必經得起考驗,而永放光芒。

明儒王陽明的一首〈睡起偶成詩〉:

「起向高樓撞曉鐘,猶多昏睡正懵懵,

　縱令日暮醒未晚,不信人間耳盡聾。」

這的確是一首足以發人深省的詩。今天我們不必奢言廿一世紀是中國人的世紀,但「立足臺灣,胸懷大陸,放眼世界」是全民應有的共識。先總統　蔣公昭示全國同胞:「國父三民主義之思想,不惟為中華民族文化之匯歸,而三民主義之國民革命,乃益為中華民族文化之保衛者也。」[註20] 教育工作要結合時代使命,學術研究要結合社會需要,教育文化建設的取向,以實現三民主義的理想為目標。因此每位從事教育工作者,要能結合時代的使命與社會的需要,貫徹中華民國的教育宗旨,並且肩負起「為天地立心,為生命立命,為往聖繼絕學,為萬世開太平」的薪傳責任,教育出崇尚倫理道德,有明辨是非的科學理念,能守法守紀的好國民,來推動國家各項建設,進而塑造廿一世紀———一個民主政治、富而好禮的文化大國。

附註:

1. 見吳經熊著「中國哲學之悅樂精神」、(見中央日報)。
2. 見陳大齊著「中華文化復興運動感言」,(中華文化復興論集),第廿九頁。
3. 見金輝基著「　國父,文化復興,現代化」,(中華文化復興論集),第八一頁。

4. 見崔載陽著「 國父教育哲學思想」第三章「 國父的人本教育思想」，第四五頁。幼獅書店印行。

5. 見陳立夫「孔孟之人文主義」，孔孟月刊，第 288 期，第三頁。

6. 見蔣復璁著「 國父繼承中華民族道統的淵源」，錄自民國五十六年七月三十三日臺灣新生報。

7. 見賈嵩麓著「民權主義與先秦思想」序言，第一頁臺灣商務印書館，人人文庫。

8. 見先總統 蔣公演講，進德修業與革命之途徑。

9. 同註八。

10. 轉引見孫邦正編著「 國父思想與教育」。正中書局、第四頁。

11. 見楊國賜著「中國教育現代化的方向與任務」一文，錄自現代化與教育革命新」，第一六頁，師大書苑。

12. 見崔載陽著「 國父教育哲學思想」，第一七〇頁，幼獅書店。

13. 引見民生主義育樂兩篇補述，載 蔣總統思想言論集，卷三，第三三頁。

14. 見楊國賜著「中國教育現代化的方向與任務」，第二章「中國教育現代化的方向與任務」，第十六頁師大書苑。

15. 見教育部長郭為藩先生「群策群力導正社會價值觀」之報告，中央日報，七八年九月廿九日社論所載。

16. 見楊國賜著「當前三民主義教育建設應循的方向」，第一三三頁，師大書苑。

17. 見先總統 蔣公著「 國父一百晉一誕辰暨中山樓落成紀念文」。

18. 見陳立夫著「孔孟學說與人文教育」，人文教育第十二講，第六頁。

19. 見鄧元忠著「認識西洋現代文化」，幼獅文化事業公司第七頁。

20. 轉錄自先總統 蔣公所撰 國父一百晉一誕辰中山樓中華文化堂落成紀念文。

十、淺談尊師重道的現代觀

　　教育是百年樹人興國大計,而每位教師卻是推動教育進步的原動力。韓愈在〈師說〉中說:「師者,所以傳道、授業、解惑也。」說明了在老師的諄諄教誨及循循善誘下,使國家未來的主人翁由懵懂無知變成知書達禮,由率性粗野變成文質彬彬,更為國家培育了負責任、守紀律、明禮知恥的好國民,且造就了源源不斷的人才,使國家的各項建設更堅實壯大,富強康樂。我確信一個有抱負、有志氣、有才能的社會青年,他必定曾經身受過好老師的教誨和鼓勵,才會有今日的成就。因此我們應該感謝每位恩師,感謝他們能以愛心、耐心和細心來教導我們更使我們在追求知識的滿足,學理的充實及做人處世的態度上,有指引我們航向成功彼岸的明燈,使我們有信心在未來長遠的人生旅途中,不管遭遇到任何的挫折與橫逆,都不會感到害怕和氣餒。在這個世界上除了父母外,還有誰能比老師更關心你?愛護你呢?所以在教師節即將來臨的前夕,我們能夠不對勞苦功高的師長,表示由衷的感謝及敬愛之意嗎?

　　展開青史長卷,可見古代學生對老師的推崇與尊敬。兩千五百多年來,一道霞光萬丈的文化光芒,一直亮麗地照射在每一個中華兒女的心靈上,這道光芒,凝聚成中國文化的珠寶,成為中國人的冠冕,世世代代像一顆閃爍的恒星,指引著炎黃子孫經世之道與生活哲學。孔子這位文化的發光者,以學而不厭,誨人不倦的精神,有教無類、因材施教的

方法，化育了三千名學子，造就了七十二位賢才；他的忠恕、仁愛思想，成為中華民族最崇高的行為指針與倫理規範。所以我們尊稱他為「至聖先師」、「萬世師表」。而弟子們對孔子的推崇與敬愛，也是大家耳熟能詳的，在《論語》中記載顏回曾稱讚孔子說：「仰之彌高，鑽之彌堅，瞻之在前，忽焉在後。夫子循循然善誘人，博我以文，約我以禮，欲罷不能，既竭吾才，如有所立，卓爾。」在孔子死後，弟子們哀慟如喪考妣，盧墓而居三年，這就是「一日為師，終身為父」的表現。

反觀今日，由於社會大眾生活的富裕，物質水準的不斷提昇，功利主義思潮的激盪，促使青年學生的思想繁複而雜亂，更甚者迷失了自己的方向，只知道一味的追求自我的理想，考一所好學校，將來求得一分好的職業，賺取更多的金錢為終身的目標，或許是孤傲自尊的驅使，所以許多學生都自以為是，不滿現狀，而忽視了在求學的途程中，那默默地燃燒自己，照亮別人，諄諄教誨你的老師，所以「尊師重道」的風氣是每況愈下，每下愈況，也是當今推展國民教育不容我們掉以輕心的重大問題。

現在僅將個人教學的心得，來淺述時下一般青年學生的心態如下：

一、自我意識過強，隨心所欲，不願被教條束縛──

或許是由於父母師長對你們的呵護，照顧得太週到了，使得你們只知道要求別人對你如何好，偶而不能順心或者是犯錯被師長責罵，就引致你們的怨忿不滿，你們那年輕善感

的心靈，竟是如此難以馴服，抑是疾言厲色，苦口婆心，傷了那孤傲的自尊，也許過多的愛使你們只記得自我，而忽略了父母師長也是有血、有肉、有感情的人。所以有許多學生埋怨老師管教得太嚴厲，以致在週記的生活記要一欄內，常有「老師，我好煩，沒有人了解我？老師請聽我說」……等字眼出現，其實老師何嘗不了解十七八歲的你們，正值心理學上所謂「狂飆期」，猶如皮球，拍得愈重，彈得愈高，跳得愈遠。但是你們可知老師也是基於「恨鐵不成鋼」、「愛之深，責之切」的心理，希望你們成龍成鳳啊！老師的心事又有誰人知，誰人曉呢？如果對你們錯誤的行為視而不見，聽而不聞，這樣又會使你們成為溫室中的花朵，驕矜自滿，將來怎麼能夠經得起現實社會的重重考驗與打擊呢？別忘了「物競天擇，優勝劣敗」的進化論是有道理的，因為強中自有強中手，人外有人，天外有天。所以希望各位同學不要迷失在自我的漩渦裏，應該設身處地為父母、師長想一想，美國總統甘迺迪先生曾說過：「不要問國家能為你做什麼？而是問你能為國家做什麼？」這的確是至理名言，同理，每一個同學也應該深思，不要問父母、師長能給你什麼？而要問你是否將老師所傳授的修己治人之方，進德修業之理，經邦濟世之道，加以融會貫通，身體力行，進而學以致用，回饋給國家、社會呢？

二、不專心聽講，且喜歡以冷僻生澀的題目考問老師——

　　許多同學都喜歡老師富有幽默感，上課時多穿插一些笑話，以提高學習興趣，如果老師上課比較單調，不講笑話，

就會有許多同學在臺下尋找周公去也，含蓄點的採低頭閉目養神式，或蜻蜓點水式，頭部直點和桌子沒有保持距離以策安全，大膽點的也許和周公辨論的口沫橫飛吧！乾脆趴在書桌上，且口吐白沫了，等到臺上的老師發現了這些上課神遊太空的同學們，指責之語尚未出口，且聽臺下傳出理直氣壯的謬論，老師您講述的內容，實在是條理分明，精彩生動，我覺得頭頭是道，所以才直點頭，聽得津津有味才直流口水，這就是「言者諄諄，聽者藐藐」的表現，想起《論語》中記載的，有一天宰我在上課時打瞌睡，孔子馬上就以「朽木不可雕也，糞土之牆不可杇也」來斥責他，兩相比較下，的確令人慨嘆不已，上課不專心聽講，當然學無所得，考試成績自然無理想成績出現。在追求知識的過程中，有疑必問，如此才不會大惑終身不解，所以孔子說：「博學而篤志，切問而近思」，但別忽視在審問的態度上，應達到斯文有禮的境界。而不是有心讓老師出醜，那才是名符其實的「尊師重道」，可是卻有少數同學，每每發現了冷僻生澀的題目或字句，就像發現新大陸、新航線般的快樂，恨不得讓老師同學知道他懂得不少新知，於是上課就故意拿出來請教老師，如果老師不會就在臺下暗自偷笑，記得有同學問我：「三隻牛（犇）合在一起唸什麼音？二隻鳥，合在一起唸什麼音？三隻鳥，合在一起唸什麼音？」如果是虛心求教，想要增長見聞，這種精神是值得嘉許的，但存心讓老師出醜，那就是不應該且不必要的行為。因為在科學新知日新月異的時代裏，要理解的知識可說是浩如煙海，所以老師難免也有遺珠之憾。更何況《禮記、學記》上也說：「學然後知不足，教然後之困，知不足，

然後能自反也，知困，然後能自強也，此之謂教學相長也。」
至聖先師孔子，曾經有人向他請教種田、種菜等事情，他馬
上回答說：「吾不如老農，吾不如老圃。」所以希望同學們上
課要專心聽講，虛心求教。

三、忽視基本禮節──

向師長敬禮及直呼師長姓名或取不雅綽號，許多同學不
知是否有近視眼，抑是有其他原因？看到師長在前面走過
來，都視而不見行同陌路人般，也不知向老師敬禮。記得有
一個有禮貌的同學，有一天他向到本校送貨的商人行禮，結
果其他的同學卻取笑他，這是不對的。禮多人不怪，有禮走
遍天下，是至理名言，更何況這個同學的表現，不但表示了
他個人是有禮貌的人，進一步也可以使校外人士讚美本校的
生活教育成功，教育出知禮懂禮的好學生，所以希望各位同
學「勿以善小而不為，勿以惡小而為之。」有些同學喜歡連
名帶姓直呼姓名，稱兄道妳多親切啊！表示師生間沒有代溝
沒有距離，殊不知養成此種習慣，會使你變成沒大沒小，不
懂長幼尊卑之別的人。再者，以老師的名字或外貌形體的特
點，來取些不雅的綽號，更是不應該，這也是沒有愛心、善
心的表現。從小看大，見微知著，便啟示著我們要隨時隨地
養成良好的生活習慣，希望同學們堂堂正正的做人，真誠懇
摯的待人。

尊師與重道是一體的兩面，一個不尊重老師的學生，當
然他也不會認真去吸取老師所傳授的知識，或許他想學習徐
志摩的灑脫與豪情，「我悄悄的踏入家商大門，正如我悄悄的

走出家商大門。我揮一揮衣袖，不帶走一片雲彩」，請問，三年的高中生涯，其他的同學都滿載而歸，而你卻兩袖清風，入寶山而空歸，不是太可惜了嗎？人生有幾個青春，容許你如此浪擲，「縱有千金，千金難買年少」啊！所以晉朝田園詩人陶淵明才寫下：「盛年不重來，一日難再晨，及時當勉勵，歲月不待人。」這首詩是勉勵青年學子要及時多努力，將來才不會空悲切啊！

至於如何尊師且重道呢？依個人淺見略述於下：

一、專心聽講，用功讀書——莊子說：「吾生也有涯，而知也無涯。」人生於世，要以有限的生命，去追求無限的知識，如果不講求讀書的方法，不但會事倍功半且蹉跎歲月，浪費時光。所以上課時不可眼觀四方，耳聽八方，一定要專心聽講，要全神貫注才能吸取老師所傳授的知識及讀書方法，然後自己要努力去鑽研，因「師傅引進門，修行在個人」，心領神會後，定獲益無窮。如果你上課不專心聽講，回家又不溫習功課，請問，你對得起父母的期許及老師的諄諄教誨嗎？或許你要問，我究竟是為誰讀書？為父母，還是為老師？答案是讀書不為任何人，為自己！英國大哲學家培根告訴我們：「讀書能給人樂趣，文飾和能力，談話的時候，最能表現出讀書的文雅，判斷和處理事務的時候，最能發揮由讀書而獲得的能力。……對於事業的一般指導、籌劃與處理，還是真正有學問的人才可以勝任。」將讀書的價值和讀書的重要性都說得淋漓盡致。所以

每個同學應該把握青春好年華，用功讀書以充實自己，如果少壯不努力，將來就會老大徒傷悲了。

二、培養欣賞別人，看重自己的襟懷——「欣賞別人，看重自己」，這與至聖先師孔子所主張的「忠恕之道」有異曲同工之妙。「盡己之謂忠，推己及人之謂恕」，所謂盡己，就是指凡事要反省自己對這件事是否盡了全力沒有？所謂「恕」就是不把自己的嚴格要求，求備於人。這也就是孔子所說的「己所不欲，勿施於人」之意。所以希望你們以善感的心靈去欣賞大千世界的人、事、物，並且常懷著知足，感謝的心去愛他人，因為孟子說：「敬人者，人恒敬之，愛人者，人恒愛之。」一顆感謝的心，使你不會憎恨、怨尤或嫉妒他人，也是邁向優雅生活的踏板。而一個人要修養良好的品德，要使自己待人處事樣樣得宜，就必須不斷學習自我涵育，也就是肯定自我，忠於自我的理想，並且吸取他人的經驗來自我礪練。今天你們進學校求學的目的，也正是要學習做一個光明磊落，品德完美，獨立不移，通達事理的人，學習犧牲奉獻，並且尊重師長，敬愛他們也鼓勵他們，更希望你們秉持師長的教誨，繼續努力，將所學回饋給社會國家，進而發揚光大中壢家商良好的校譽。

三、注意禮貌，培養溫文有禮的風範——你們求學的目的，除了吸取書本上的知識，增長見聞外，最重要的目的就是要學習做人的道理，有涵養的人，才會

注意禮貌，猶如飽滿的稻穗，表現低垂搖曳的姿態，而不成熟的稻穗，卻傲然自立，不肯向人低頭，說起禮貌，是大家最清楚的，要你們寫一篇「談禮貌」的文章，相信人人都能洋洋灑灑，有條不紊的敘述出來，但禮貌不是徒託空言，而是要身體力行才有用，所謂「坐而言，不如起而行」，請問各位同學當校長陪著外賓在校園裏參觀，你是否有說「校長好」、「來賓好」？你們每天見到師長是否有敬禮問好？向老師或同學請教問題時，是否有說「請」、「謝謝」……等等，如果有做到，表示你是個有禮貌的好學生，如果沒有做到，就應該自我反省了。孔子說：「不學禮無以立」。所以希望每個同學在言談舉止上要溫文有禮，表現端莊的儀態，做個知禮、明禮、懂禮、守禮的人，對待師長要謙恭有禮，尊敬尊重，和同學相處要親愛精誠。在學校好好培養禮貌的習慣，將來踏入社會，在生活圈裏才會到處受人歡迎，因為有禮走遍天下，無禮寸步難行。

希望各位同學聽完我這番淺見之後，對諄諄教誨你們的每位恩師，要表示由衷的感謝及敬愛之意，最後我也願以教育家劉真先生的名言：「樹立師道的尊嚴，發揚孔子樂道的精神」，與同仁們共勉之，進而達到「為天地立心，為生民立命，為往聖繼絕學，為萬世開太平」的神聖目標。

十一、高級中學圖書館的利用教育
──從推動班級讀書會談起

論文提要

　　迎接學習社會的來臨，圖書館利用教育已成為開啟知識寶庫的鑰匙。本文的內容是以薛理桂教授的〈圖書館學概論〉講義為藍本，並參酌楊美華所長〈迎接學習社會的來臨〉、洪蘭教授〈閱讀與個人發展〉、林振春教授〈全民閱讀與讀書會〉、黃文棟主任〈教師與圖書館利用教育〉等論文，來探討如何推動讀書會，以發揮圖書館利用教育的功效，進而提昇學生優良的閱讀風氣。

壹、前言

　　在廿一世紀知識經濟蓬勃發展的時代中，知識已成為運籌帷幄決勝千里的關鍵。多元化的教育思潮，不斷衝擊著臺灣的未來，因此終身學習（learning throughlife）已成為前瞻未來的指標。閱讀書籍、探索知識，乃是激發自己潛能及創造思考的原動力。英國哲學家培根不但提出「知識就是力量」的名言，更說明勤展良書卷的益處是：「歷史，令人聰明；詩，令人機靈；數學，令人精巧；倫理，令人莊重；邏輯、修辭，令人能說善道。」這的確是深中肯綮的言論。足證閱讀書籍，可以擷取書中的精華，充實自我的見聞，在餘情迴盪中，使得源頭活水來，智慧花朵開。

面對知識經濟時代的來臨，社會的結構瞬息萬變，傳統的學校教育已無法因應時代的需求，網際網路（Internet）的推出，實現遠距教學的夢想，開啟了學習的另一個視窗，成為人類互通訊息最便捷的工具；在滑鼠指點之間，浩瀚的知識盡入眼簾，更拓展了人類的知識領域與生活的視野。但其負面的影響，卻不容我們掉以輕心。網際網路的誕生，縮短了時空與人們之間的距離，卻也形成心靈的隔閡；而網路上色情與暴力的氾濫，不斷燃燒著莘莘學子純潔的心靈，繼之而起的是性侵害、性氾濫，不但戕害青少年的心靈，更使得青少年犯罪率節節高昇，形成社會最大的隱憂。2002 年 11 月，《天下雜誌》一本以「閱讀；新一代知識革命」為題的專刊，道盡國內閱讀風氣遠落後於歐美先進國家的憂心忡忡，對國內日漸低落的閱讀能力與興趣提出警訊，同時也使得長久以來國內漠視閱讀軟體建設的結果浮出檯面。（2003 年 4 月、全國新書資訊月刊）

貳、圖書館利用教育的功能

圖書館是書香社會的搖籃，它蘊藏國家文化的資源，推展社會教育；對個人而言，它是指導讀書的門徑和研究的方法，所謂「大漢文章出魯壁，千秋事業藏名山」正說明圖書館是發揚文化，傳播知識最重要的基層事業。國家圖書館館長莊芳榮先生說：「閱讀是一扇打開通往古今中外的大門，可以跨越時空、打破人際藩籬、打造心靈地球村，而且通過閱讀可以激發想像力與創造力、創造無限寬廣的成長空間。」（2003 年 4 月、全國新書資訊月刊）前任教育部長曾志朗先

生也說：「多元智慧要推展成功，最重要的一點，就是閱讀習慣的普遍化。」（2000 年 9 月 29 日）由上述可見，閱讀是多元智慧，成功的基本要件，同時可以刺激大腦神經的發展，使你的大腦不會退化；另一個好處是增加個體受挫的能力，減少心理上因無知而造成的恐懼感。更可以增強自己的組織能力，將前人或別人的智慧結晶，轉化為自己的知識，的確閱讀可以使源頭活水來，使人智慧花朵開。（洪蘭、〈閱讀與個人發展〉）

隨著教育改革的脈動，圖書館利用教育已成為追求卓越知識的原動力。近年來，已經從推展教育的附庸，逐漸成為高中圖書館經營的重點項目。圖書館利用教育在培養學生的治學能力與良好的閱讀習慣，大體上可以歸納成三大類：1、認識圖書館裏有甚麼，以引起學生利用圖書館的動機。2、知道怎麼利用工具書，讓學生能夠自行查到需要的答案。3、能夠寫作標準的讀書報告。包括認知、分析、寫作發表三個層次（黃文棟〈教師與圖書館利用教育〉），由此可見圖書館利用教育應該與教學活動相輔相成。圖書館利用教育有下述幾點功能：

（一）培養個人具有尋找及利用圖書館的資源和設備的能力。

（二）擴大個人學習的領域。

（三）增進個人自學的能力。

（四）啟發個人閱讀的興趣。

（五）培養個人正確的閱讀方法與閱讀習慣。

（六）倡導正當的休閒生活：（1998 年 3 月楊美華〈迎接學
　　　習社會的來臨〉）

　　由上述可知，圖書館利用教育包含學生整套的治學過
程，因此應該與教學活動相輔相成，圖書館利用教育的成敗，
實繫於教師觀念的溝通及積極熱心的參與。所以每位教師應
指導學生善用圖書館，以發揮圖書館利用教育的功效。

參、全民閱讀與讀書會

　　二十一世紀是知識經濟的時代，世界管理大師彼得、杜
拉克（Peter Drucker）曾經指出：「人類的歷史上，再也沒有
比此時更重視知識的價值了。」的確，臺灣要迎向二十一世
紀的國際競爭，就要落實終身學習的教育目標，全面推展學
習型組織，培養能夠終身學習的國民，並積極推動全民閱讀
運動，以提昇知識競爭力。為了因應新世紀資訊科技的快速
變遷，傳統的學習教育已無法滿足學生的需求，因此前任教
育部曾志朗部長為了貫徹終身學習的教育政策，有效推動全
民學習的風氣，積極提倡兒童閱讀運動，最近更推而廣之，
擴展到國小、國高中班級讀書會，形成一股澎湃的全民閱讀
運動。

　　讀書會的學習方式是由一群學習需求相近的個人，自行
發起的同儕學習運動，相互分享經驗、觀點、想法與思考模
式，與知識管理的理論結合，透過資訊分享、常識分享'、知
識分享，以達到智慧分享的境界，因此可以稱讀書會是一種
新世紀的學習方法。（洪榮昭，1988）讀書會組成的目的有八
種：

1、自我成長

2、以書會友

3、知識統整

4、工作實務精進

5、加強思考的深度與廣度

6、心靈互動分享

7、文章品質

8、帶動書香社會的營造（林振春〈全民閱讀與讀書會〉）

由上述可知，讀書會是一種新的學習策略，包含人際互動的學習、團隊合作的學習、經驗式的學習、頓悟式的學習、全感官的學習、嘗試錯誤的學習、師徒式的學習、反省式的學習。也是一種新的生活方式，可以培養「生活就是學習，學習即是生活」的哲學。參加讀書會必須具備閱讀的能力和討論的能力，一般的學校教育只重視學生的閱讀能力，而比較不重視學生的討論能力。讀書會不只重視參與者的閱讀能力，更強調其討論能力，因為透過討論可以激發參與者的思考和批判能力。（林振春〈全民閱讀與讀書會〉）

肆、班級讀書會的推廣與經營

面對多元文化社會的變遷，我們必需提供多樣化的教材，引領學生懂得明辨是非、思考問題，有能力活用知識來解決問題。根據美國教育家迦納（Gardner）的研究在 1983 年提出人類具有語言、空間、邏輯／數學、身體／動作、音樂、社會、個人、自然等八項智能。因此每位教師應該順應時代

的需求，掌握世界的脈動，利用班級讀書會來引領學生開啟
智慧的堂奧。依據教育部所頒布推動班級讀書會的目的有
二：（一）、培養學生閱讀課外讀物習慣，養成主動蒐集資料、
分析資料、討論資料及整理資料，促進創意思考之能力。
（二）、藉由指導教師之導讀，鼓勵學生從所研讀書籍主題充
分討論分享心得，形成普遍的讀書文化，進而建構以學校為
本位之學習型組織。在知識迅速淘汰的今天，傳統的「倉庫
理論」、「填鴨式」的教育方法，已經不合乎時代潮流的變遷，
代之而來的是以自學為中心，培養智能為目標的啟發式教育
方式，在此種型態的教育發展方式，圖書館對現代學校教育
的發展更為重要，也正式說明圖書館及知識文獻的利用，已
成為正規教育的一部份。（薛理桂教授的〈圖書館學概論〉232
頁）

　　由上述可知，班級讀書會的經營方式，除選讀書籍，更
應配合時代科技發明，革新教學方法，借助多元教學媒體－
錄音錄影帶、電視機、幻燈片、數位相機、電腦網路等，來
輔助班級讀書會的運作，以收事半功倍的效果。進而提高學
生的學習興趣，觸動創造思考的能力，及增長見聞啟發智慧。
並且可以整理學校圖書，利用圖書資源，組成循環書箱，跨
班級閱讀，以提昇學生閱讀的興趣。讀書會更應發揮讀書的
良知，維護社會正義，讓讀書會跨出校園，與社區合作，凝
聚共識，來推動書香社會，使讀書會能永續發展，成為社區
總體營造的尖兵。

伍、結語

　　《天下》雜誌 263 期開宗明義篇就說，全世界的先進國家在為進入二十一世紀所做的準備，都將教育列為國家最優先的議題，而教育的改革沒有捷徑，只有方法，那就是「藉由閱讀的養成，培養公民終身學習的能力，作為知識經濟競爭的基礎」。的確，為了因應資訊革命帶來的知識進步，閱讀運動已經在全求如火如荼的展開，散布全球的圖書館則扮演推動閱讀風氣的關鍵性角色。美國圖書館協會會長、麥可戈曼說：「圖書館是一個學習與文化的處所，並表現出社會良善的一面，必須鼓勵所有人民經常涉足。」因此，如果每個人都能善用圖書館，一定可以改善社會的讀書風氣。

　　明儒張潮說：「有功夫讀書謂之福。」閱讀的習慣在年輕時就要養成，寫作的種子，也應在年輕時代就埋下。因為有思想的人，才有內涵，有智慧的人才有品味，唯有多看多學，才能使智慧增長。有一句話說：「昨日已成歷史，明日仍是未知，而當下是上天給的禮物。」活在當下，更可以超越時間的局限，而在時代的洪流中，留下屬於自己的印記，因此希望大家善用圖書館的資源，努力充實自我，使自己成為知書達禮具有全方位能力的時代青年，進而營造一個溫馨和諧的書香社會。

參考文獻

1. 薛理桂教授的〈圖書館學概論〉政大圖書館學士學分班教科書
2. 楊美華所長〈迎接學習社會的來臨〉1998 年高中圖書館季刊
3. 洪蘭教授〈閱讀與個人發展〉2001 年 2 月社教雙月刊
4. 林振春教授〈全民閱讀與讀書會〉2001 年 2 月社教雙月刊
5. 黃文棟主任〈教師與圖書館利用教育〉2000 年 11 月臺灣教育

十二、加強教育專業與推動教育改革
──談高職教育的全人發展

壹、前言

　　教育是百年樹人的興國大計，是人類在具體的生活世界中，肩負起傳承文化、傳遞知識、啟發智慧、培育人才的神聖偉業。在全球化教育思潮的推波助瀾下，傳統的學校教育，不能再抱殘守缺，應該推陳出新，才能順應未來國際地球村的變遷。誠如美國微軟公司總裁比爾蓋茲所說：「在許多高科技相關問題中，沒有一項要比教育對國家未來經濟活力的影響來得重要。」[註1]這的確是深中肯綮的言論，正說明了在知識蓬勃發展的廿一世紀，教育已成為運籌帷幄，決勝千里的關鍵，而教育改革，更是國家永續發展，提昇競爭力的磐石。為了因應時代的挑戰與衝擊，終身學習（learning through life）已成為前瞻未來，領航知識世紀的標竿，而全人教育（Holistic Education），更是追求卓越，掌握未來的契機。

　　教育的興革，經緯萬端，錯綜複雜。為了導正工業與科技文明所帶來人類文化、社會環境與自然生態的危機，1990年來自七國八十位關注全人教育的學者專家，針對美國《目標2000：美國教育法案》（Goals 2000：Educate America Act）提出「芝加哥宣言」並揭示全人教育的十大原則：一、為人類的發展而教；二、將學習者視為獨立的「個體」；三、承認「經驗的」在學習中的關鍵角色；四、以「整全觀」為切

入點的教育；五、教學者的新角色；六、選擇的自由；七、
教養學生成為一個能夠參與民主社會的公民；八、為文化及
倫理的多元性、地球公民權而教；九、為地球的人文關懷而
教；十、性靈和教育。正說明了全人教育是開啟學習者心中
自我覺醒之門——道德、文化、生態保育、經濟、專技與政
治的自覺。而課程內容是跨學科的，係從社群整體，也從地
球整體的觀點來考量，是人類精神最大的激動力。[註2] 由上
述可知全人教育對臺灣當前技職教育發展有深遠的影響力，
可以讓每位技職院校學生的智慧，藉由不同的方式和才華表
現出來，並且尊重每位學生個人的潛能，使理論與實用技能
相輔相成。因此每位教師，就應該體察時代的需要，掌握世
界的脈動，作前瞻性的規畫，加強教育專業能力，推動教育
改革，以落實我國廿一世紀的教育願景——全人教育、溫馨
校園、終身學習的目標，並且培育具有全方位能力的時代青
年，進而為技職教育開創出嶄新的風貌。

貳、現階段高職教育面臨的挑戰與衝擊

回顧臺灣教育的發展，技職教育對創造國內經濟奇蹟功
不可沒。尤其我國已經在去年正式加入世界貿易組織（WTO）
因此我國產業的發展及人力的需求，勢將面臨結構性的轉
變。依據勞委會委託成之約教授所做的研究預測，二〇〇四
年，運銷服務業的就業人口將快速成長，未來除了高階管理
人力的需求，更需要大量基層服務的人才，而高職教育正是
培育基礎技術人才的最佳場所。由此觀之，目前的中等教育
改革政策，應該朝向輔導高職轉型的目標邁進，不宜輕言廢

除高職，因為即使社會再多元，價值仍有其一定的歸趨，教材再多樣，教育仍有其一定的方向。[註3] 茲將現階段高職教育面臨的挑戰與衝擊，條列說明如下：

一、重視資訊科技，導致人文素養低落

盱衡我們社會的發展，工商發達，功利之風猖獗，好逸惡勞的風氣充斥整個社會，以財富作為生活目標的價值取向，導致人文精神的沒落。而現階段的學校教育制度，脫離不了升學主義的窠臼，只著重智育的灌輸，而忽略了學生品格的陶融和文化的涵養，以致學生心靈閉鎖而短視，校園暴力事件屢見不鮮，尊師重道的風氣已日漸式微，使得傳統的校園倫理受到嚴重的衝擊與考驗。

電腦科技文明一日千里，網際網路的推出，實現遠距教學的夢想，在「人人會電腦，個個會上網」的目標下，電腦走入了家庭、學校及社會，成為人類互通訊息最便捷的工具。但是其負面的價值，卻不容我們掉以輕心。例如：盜用信用卡帳號、密碼，卻成為危害社會的犯罪工具；而色情網站氾濫，不僅戕害青少年的心靈，也使得青少年犯罪率節節昇高，形成社會最大的隱憂。

二、教育政策的變革，影響職校的招生

我國的教育改革至今瞬屆十一年，並且經歷前後五任教育部長的更迭與各種變革的教育政策，在不斷的試驗中，成效不如人意。使得學校教師、學生、家長對教改的理念，從人人有「今天不去做，明天會後悔」的共識，演變至今天一

談教育改革就人人喊停的寫照，此種形勢逆轉的警訊，猶如當頭棒喝，教育當局及決策者豈能視而不見，習而不察呢？

高級中等教育所扮演的角色至為重要，它承上啟下，居於承繼國民教育及進入高等教育之間的關鍵樞紐地位。未來高職在進行高職發展與轉型規劃時，需考慮上下學制銜接之原則。往上需維持高職學生之升學管道，往下則必須考量是否能招收到國中畢業生。因為若高職學生人數再持續下降後，其影響會往上擴散，也會對高等技職教育學校造成衝擊。

由於各校在地理位置、社經地位、產業特性與組織文化等主客觀環境之不同，教育部對高職的轉型與發展不作統一且強制性的規定。而是尊重各校自主意願，保留學校個別發展空間，主管機關則秉持學校本位管理的精神，採輔導而不介入方式協助學校順利轉型，以維持永續經營，繼續擔負教育的重責大任。[註4]上述教改政策的轉變，是臺灣職業學校師生所樂觀其成的。

三、升學主義掛帥，以致學生就業率低

自從民國五十七年國民教育延長為九年以後，受教育人口倍增，人力素質提昇，對國家社會及經濟發展，有其實質的貢獻。但由於功利主義的影響，萬般皆下品，唯有讀書高的觀念，再度深植人心。在考試引導教學的情況下，學校教育偏重「智育」的發展，而忽略生活規範、倫理道德的陶冶。為了聯考，學生紛紛以升學科目為學習的主軸，而偏廢職業技能科目。長此以往，使得高職教育所培育出來的學生，由於缺少邏輯思考和學術能力的訓練，使他們往往無法應付未

來高階工作職位的挑戰；而一般高中的學術課程，又無法培
養學生具備與實際工作有關的各種應用能力（Paris ＆
Huske,1998），包括良好的技術能力與學術知識、解決問題的
能力和有效的溝通。[註5]高職畢業生缺乏成功的職場表現所
應具備的技能，使得就業的學生與產業界的需求，出現了嚴
重的落差，致使學生的就業機會驟減，進而影響高職的招生。

參、高職全人教育的方向與任務

「這是最好的時代，也是最壞的時代；這是智慧的時代，
也是最愚蠢的時代。」[註6]這句名言足以發人深省。環顧國
內社會的發展，功利之風猖獗，價值體系低俗，暴戾之氣甚
囂塵上，人文精神沒落，教育功能的逆文化取向，導致倫理
道德的低落與社會價值觀的偏頗。青少年學生受到此種意識
型態的污染，以致校園暴戾事件層出不窮，尊師重道的思想
已日漸式微，學生越軌的行為日增其界面與縱深，由觸犯校
規而至於犯法犯罪，這的確是不容我們掉以輕心的教育問題。

近年來，許多學者主張技職教育的發展，一方面必須與
全球化、科技化結合，另一方面，也不可以忽視人文博雅教
育（liberal education）的陶冶，技職教育的目的必須由培養專
業技術導向的單向思維，轉而以人為本，注重全人發展的新
方向，致使個人具有適應社會生活的知能和濟世的關懷。[註7]
將心理學「全人」的概念引用到教育上，即是「全人」教育
（wholesome education），意即「健全的教育」、「完整的教
育」，也就是德、智、體、群、美五育兼備、均衡發展的教
育。「全人教育」是兼顧理性、情感、意志和性靈的教育。

不光是灌輸學生的知識與專業技能，尤其重要的是鍛鍊學生的頭腦與心智，使之聰明且清醒，具有獨立的思考能力，能明辨是非，循規蹈矩，進而培養負責守紀，能夠服務人群、關懷社會的高尚人格。(註8)

在因應廿一世紀更具開放性與多元化的社會發展趨勢中，為挽救人類生態環境及傳統文化所面臨的諸多挑戰。落實「全人教育」的理念，才能激發學生的潛能，朝著終身學習的途程勇往邁進，以孕育學生具有通識教育的人文素養及開闊的胸襟與宏觀的視野，使學生擁有圓融而健康的個體，進而組成一個健康的社會。(註9)茲述如何落實高職全人教育的方向與任務，如下：

一、加強人文教育，以營造溫馨和諧的校園

環顧國內社會的發展，經濟目標高懸，社會價值體系低俗，法治精神日漸式微。益之以重視資訊科技，導致人文精神沒落，青少年犯罪率也節節昇高，使得傳統的校園倫理受到嚴重的衝擊與考驗。因此為導正資訊教育所帶來負面的影響，所以各級學校就應該加強人文教育，以陶冶學生的人文素養，健全青少年的人格，進而營造溫馨和諧的校園。　國父說：「社會國家者，互助之體也；道德仁義者，互助之用也。」正說明了要改善現代社會人心庸俗、物質、功利等特質，為了挽救文化斷層的危機，就應該以人文精神喚起人的自覺，提昇人類的地位與價值。

人文精神是中華文化的支柱，也是維繫倫理道德的基石。人文一詞，最早見於《易經》，所謂：「觀于人文，以化

成天下。」《孟子‧滕文公》上篇說：「人之有道也，飽食煖衣，逸居而無教，則近於禽獸。聖人有憂之，使契為司徒，教以人倫，父子有親、君臣有義、夫婦有別、長幼有序、朋友有信。」因此，自至聖先師孔子以來，歷代的思想家，都特別重視「以人為本」的教育思想，來化民成俗。

人文教育涵蓋了民族精神教育、倫理道德教育、生命教育、情意教育、兩性平等教育‧ 等方面的課程。在教學方面，應著重創造力的啟發，經驗的學習以及情意的陶冶。[註 10]英國牛津大學副校長黎芬司東（LTINGSTONE）在他所著「一個動盪世界的教育」一文中說：「教育應以養成德操為第一要務；而德操的養成在使學子多看人生中偉大的事情，多識人性中上上品的東西。人生和人性的上上品，見於歷史和文學中的很多，只要人們知道去找。」[註 11]這的確是發人深省的言論，因此各級學校應該加強國文、哲學、歷史、公民與道德方面的課程，使學生由認知層次，提升為篤實踐履，以培養健全的人格，進而成為明禮義、知廉恥、孝順父母、尊敬師長、友愛同學的好學生。

二、加強教師專業素養，以提昇教育品質

教育的成敗，實繫於教師的良窳，所謂「良師興國」，洵非虛言。廿一世紀教育挑戰的重點，在於資訊教育的普及與人力素質的提昇。數位化的學習內容，將人們帶入一個虛擬的世界，為了迎接資訊時代學習工具的變革：電子書、電子期刊與虛擬圖書館的相繼推出，建構出永續經營的學習網站，已成為教師應該具備的專業學養。因此每位教師，應該

充實自己的資訊專業知識，並且運用科際整合的方法，設計
有創意的課程，營造良好的學習環境，輔助學生認真學習，
以提昇教學成效，並且利用遠距教學，傳遞文化的精髓。[註12]
未來的資訊科技將提供更多的教學資源，以實現教師教學的
創意與理想，並且可建立網頁，將學校相關資訊直接提供給
社區分享。

　　《禮記》上說：「師嚴然後道尊，道尊然後民知敬學。」
師道的尊嚴，植基於教師的敬業精神與專業素養。因此，在
邁入二十一世紀教育變革與開放教育的趨勢下，每位為人師
表者，應該具備的資訊素養包括：「網路之應用能力」、「學科
之整合能力」、「電腦應用之知能」、「軟體選用之能力」等。
並且應該運用電腦輔助教學（CAI）的技巧，來打破僵化的傳
統教學方式，統整各類學科，藉著電腦與其他設備的輔助，
以引起學生學習的動機，激發學生的好奇心及創造力[註13]，
以落實遠距教學的目標及滿足全民終身學習的需求。

三、推展多元智能教育，以培養具有全方位能力的國民

　　多元化的教育理念及多元智能的開發，已成為廿一世紀
世界各國推動教育改革的重要目標。根據美國教育家迦納
（Gardner）的研究，指出人類具有語言（Linguistic）、空間
（Spatial）、邏輯/數學（Logic-Mathematical）、身體動作
（Bodily-Movement）、音樂（Musical）、社會（Social）、個人
（Self），自然（Naturalist）等八項智能（Intelligence），因此
每位教師都應該體認孔子「因才施教」的真諦，用多元的角
度去看待每一位學生，啟發個人不同的潛能，以培養他們的

思考力及創造力，進而開創自己光明的未來。[註14]

多元智能的教學功能，可以促進中、小學教育的正常化、多樣化，尤其在九年一貫課程即將實施、十二年國教的實施、高中多元入學管道暢通的今日，我們樂見今後多元智能教育制度的開啟，在教學活動中注入新意，引導學生適應「瞬息萬變的社會」為學習的主軸，跨學科的整合，開啟學生全方位的能力；智能教育與文化陶冶相輔相成，提供學生適性發展的學習環境，進而培育學生朝德、智、體、群、美五育並進的理想目標邁進，成為具有高智商（IQ）及高情商（EQ）的現代國民，為臺灣的教育開創出新契機。

四、提昇全民英語能力，以營造國際化生活環境

隨著國際化與全球化腳步的接踵而至，英語已成為世界公民交流時必備的溝通工具。因此如何提昇國民的英語能力，以吸收外國文化的優點和經驗，使臺灣的文化與世界接軌，進而提昇國家的競爭力，已成為教育改革的當務之急。因此九十一年九月起，國小四、國一新生已實施九年一貫課程，而教育部一直強調教師對學生的學習評量，應以「基本能力」取代學科知識，以七大學習領域為學生學習的重心，注重課程的銜接與統整。英語課程的規劃目標，在增進學生對本國與外國文化的認識、培養學生學習英語的興趣與方法。但是用意甚佳的教育政策，卻無法深入扎根，究其原因是：「一綱多本」的教材，雖是多元而具彈性，但是教材版本不同，如何能進度一貫？益之以英語教學愈往下延伸，街頭英語補習班林立，教學品質上各有擅長，師資良莠不齊，菁

英教學排擠的效應,加上城鄉差距問題,使得學生英語程度呈現兩極化的現象。[註15]

要培養具有國際觀之人才,要提昇全民英語能力,要加強國人對外國文化的了解與欣賞,要了解國際事務,英語——已成為國家現代化之必要條件。要改善當前英語教學問題,教育當局應及早規劃師資、教材、課程、學程接軌等問題,為國家培育優秀的人才做好充分的準備。首先英語教師必須營造良好的學習環境,善用多種媒體教學或虛擬教室,透過現時道地的英語材料,以模擬實地英語文化情境,讓學生置身其中,感受到真實英語世界的脈動。(Shrum and Glosan,1994) 在自然接觸及雙向互動的練習中,刺激學生學習的動力,其次要提供學生適當的課外讀物,強化他們的閱讀程度,以提昇高中生在聽、說、讀、寫方面的能力,進而拓展新視野,及增進國際文化知能,以因應全球化的需求。

五、提昇技職教育,以培育高職科技人才

為了因應知識經濟時代的來臨,培養有創造力的人力資源,進而促進社會整體的發展與國家科技的進步,已成為世界各國致力於技職教育改革與提昇的重要目標。因此教育部為了提昇我國的技職教育,除了規劃多元入學方案,在制度上,今後普通教育、技職教育與回流教育三管道可以互通與交流,以因應新世紀的需求,期使個人得到適才適性的發展。並且落實職業證照制度,加強職業訓練,改進技職教育課程,以加強學生的基本學科能力及職業道德的涵養。[註16]

高職轉型發展應以職業生涯準備及升學導向為兩大主

軸。就職業生涯準備而言，課程設計以就業為導向，並朝類
群方向規劃提供不具學術性向或明確具備實作能力性向者學
習，培養更寬廣的就業能力。不過雖以就業為導向，仍可與
社區學院相銜接，以精進就業能力或奠定轉學四年制大學的
基礎。而就升學導向而言，課程設計除原先之專業及實習科
目外，更應注重基本能力等工具性科目，使能銜接四年制技
術學院或科技大學之學習，以培養學生基礎技術及高級專業
實務能力。

　　澳洲學者伊利半亞德說：「要開拓事業，求得成功，每個
人必須有三張教育護照；一是『學術性護照』、二是『職務性
護照』、三是『證明自己有開拓能力的護照』。」[註17]正說明了
人生於世，要在不斷的學習中求進步，以活到老、學到老的
精神，培養國際觀及地球村的知識，進而激發自己的潛能及
創造思考力，以順應世界潮流的變遷。而社區大學的設立，
將帶動全民學習的風潮，以提昇國民的素質及國家的競爭力。

六、落實網路遠距教學，以創造終身學習社會

　　目前我國已走向網路化、電子化、數位化的高科技社會，
尤其是網路的推出，更實現了遠距教學的夢想。電腦的發明，
使人類邁向資訊新世界，電腦網路的出現，更引領世界成為
溝通頻繁的地球村。電腦網路包括區域網路、校園網路、網
際網路：等，運用電腦網路可以公告訊息，共享軟體、傳輸
資料。而網際網路的發展，是普及電腦的主要動力。

　　一九八五年聯合國教育科學文化組織（UNESCO）第四
次國際成人教育會議宣言，特別強調學習權的概念，並界定

為：「學習權就是：閱讀和書寫的權利。提出問題和思考問題的權利；想像和創造的權利；瞭解人的環境和編寫歷史的權利；接受教育資源的權利；發展個人和集體技能的權利。」在追求多元化、全球化的教育目標下，學習的行為的確是教育活動的重心，因此網路學習環境採用「學習者控制」（Learner Control）的設計，正符合此種教育目標，可以滿足學習者個別化需求的機會與條件，正可以彌補傳統注入教學的不足。[註18]

整合性的資訊系統，有著融合教育與生活的能力。遠距教學的普遍與網路通信的發達，使得學者不一定需經由傳統的學校教育習得所需的知能。在廿一世紀的教育改革過程中，我們預期教學的方法及學生學習的方式，將會隨網際網路的日新月異而改變。教師在建構知識架構以後，就可以利用網路學習，推動「主動社會學習模式」，教導學生具備相當的資訊概念、策略能力及建構知識的能力，成為終身學習者，以宏觀的視野來適應地球村的變遷，進而服務社會人群。[註19]

肆、結語

新世紀的來臨，全球化的教育思潮，伴隨著全人教育、數位學習的步履，猶如奔騰的江河水，不斷衝擊著臺灣的未來及莘莘學子的心靈。全球管理大師梭羅強調：「全球化時代，知識是成功的關鍵，勇敢是成功的心態。唯有大膽放手一搏，才能在全球經濟中勝出。」[註20]的確，唯有掌握教育變革的契機，才能因應未來國際地球村的變遷。

他山之石，可以攻玉。高職教育的改革，不僅要兼顧縱

的傳承與橫的移植，更要使我國傳統的人文教育與新世代的
資訊科技相輔相成。因此每位教師就應該肩負起「兩肩負重
任，心懷千萬年」的薪傳責任，並且以教育家劉真的名言：
「樹立師道的尊嚴，發揚孔子樂道的精神。」來推動全人教
育的發展，營造溫馨的終身學習環境，以培育具有卓越能力、
多元智慧、品格高尚、五育兼備的 e 世代人才，並且以宏觀
的視野，放眼全世界，接軌全球化，進而提昇國家的競爭力。

附註：

1. 見美國微軟公司總裁比爾蓋茲在美國國會召開的一次『科技高
   峰』座談會中的講稿，Washington Post,Jane 7 2000。
2. 陳治能翻譯公民 2000 年教育宣言——從全人教育觀點
   （Education 2000Aholistic Perspective）第 1—6 頁
   http//www.stut.edu.tw/cfte/bookreading/good work/edu 2000.htm。
3. 見林安梧《臺灣文化治療——通識教育現象引論》黎明文化第
   68 頁。
4. 教育中部辦公室〈我國高職教育定位與未來發展方向〉九十二
   學年度高級職業學校圖書館工作研討會 2002 年 11 月 17 日第
   71 頁。
5. 見溫玲玉、王興芳所著《美國學術與職業課程整合》的推展及
   其對我國的啟示 2003 年教育研究資訊十一卷四期第 139 頁。
6. 見狄更斯《雙城記》。
7. 吳政峰「從洛克《教育漫話》中的紳士教育及技藝教育觀——
   談技職教育的全人發展」引民國 91 年張天津；民國 91 年張佳
   琳等人之說法，教育雙月刊 70 期，民國 91 年 8 月 25 日。
8. 林淑瓊《淺談全人教育》http//www.mnd.gov.tw/division/第 1、2
   頁。
9. 同註二第 7 頁。

10.見陳立夫《孔孟學說與人文教育》,人文教育,第十二講,第6頁。

11.見江雲鵬《郁郁乎!人文教育》師有月刊,八十二年二月。

12.見溫明正:「e世代資訊變革的校園生態」,師友月刊,二〇〇年十月,第12頁。

13.同註十三。

14.見林家永:「多元智能的開發」,臺灣月刊596期,民國89年8月,第8、9頁。

15.見劉語《全民拼英語,一則以善,一則以憂》師友月刊425期第21-22業2002年11月。

16.見前教育部林清江部長《當前技職教育的改革與發展》,教育家雜誌,第2頁。

17.見陳國彥《臺灣的課程改革與社會科批判性思考教學》,文教新潮,December, 1998, Volume3,Number5,第18頁。

18.見陳年興、石岳峻《網路學習對教育改革之影響及未來發展》資訊與教育雜誌2002年12月第34頁。

19.蔡美惠《如何增進圖書館人員專業知能以提升服務品質》九十二學年度高級職業學校圖書館工作研討會2002年11月17日第40頁。

20.梭羅著《勇者致富——全球化:在拒絕與接受之間》天下網路書店 http//www.cwbook.com.tw。

十三、高職教育發展之願景——
推動知識管理，提昇人才培育

壹、前言

　　教育是傳遞知識、培育人才、促進社會進步的原動力。教育的傳承，不能侷促一隅，必須旁搜遠紹；教育的滋長，不能率由舊章，必須與時推移，使其內容體用兼備，而成為切合時代潮流之文化慧命。德國大哲學家康德強調：「好教育即是世界上一切善的泉源」，的確唯有掌握教育改革的契機，才能因應未來國際地球村的變遷。

　　邁向廿一世紀，多元化的教育思潮，也隨著知識經濟時代的翩然來臨，深深牽動著臺灣教育改革的方向。一九九六年經濟合作發展組織（Organization for Economic Co-operation and Development，簡稱 OECD）提出「以知識為基礎的經濟」（The Knowledge-based Econony）報告，自此知識經濟的理念廣受國際社會的高度重視。要使知識成為提昇生產力與經濟成長的主要驅動力，就必須做好知識管理（Knowledge Management）的機制。有「現代管理學之父」之稱的彼得杜拉克（Peter F. Drucker）預言：「知識將取代資金、機器、原料與勞力等經濟最重要的生產因素；知識將是廿一世紀的新競爭利器。」[註1] 這段深中肯綮的言論，正說明在知識經濟蓬勃發展的時代，知識蘊含於人力資本與科技中，有系統而完善的知識管理，已成為社會永續發展決勝千里的重要關鍵。

貳、知識管理提昇人才培育之意涵

學校教育的目的在傳播知識，為國家培育人才，以提昇學校在社會上的競爭力。依據經濟合作發展組織（OECO），將知識分成四類：是什麼的知識（know-what）、知道為什麼的知識（know-why）、知道怎麼做的知識（know-how）、以及知道是誰的知識（know-who）。傳統的教育方式，著重在教導學生「是什麼的知識」，而比較忽略其他三類知識的傳授與獲取。要使知識成為一種力量、利潤和財富，就必須做好知識管理的工作，讓知識能夠如源頭活水般，以充實學生的知能，並且引導學生去探索知識及運用知識的能力，進而提昇人才培育及促進社會創新的效能。[註2] 如何將各項知識傳播給莘莘學子，這就是每位教師的職責，因為教師的專業知能，是推動知識管理的核心課題，茲述推動知識管理，提昇人才培育效能之意涵如下：

一、透過知識分享，以培育人才

知識管理的三要素，不外乎人員、知識、資訊科技與分享。其中人員更是核心因素，知識唯有透過密切的交流與分享，才能充分得到發展，並且發揮傳播知識的功效。知識分享策略，不僅在於不同的團體內蒐集與傳播資訊，同時也必須建立一種團隊機制，使人人能夠與他人相處學習，互助合作，並且將知識管理的 6C，1.個人專業與知識累積（Create from individual）、2.將擷取的資訊內容去蕪存菁（Clarify）、3.分類各種內容（Classify）、4.建置溝通的環境（Communicate）、

5.：增進組織與個人間的了解（Comprehend）、6. 群組學習
及知識共享（Createfrom Group）[註3]等六項要素發揮無遺，
培養學生運用知識的能力及啟發其具有獨立思考的能力，進
而使知識的獲取、累積、加值、創新與運用能夠有效的發揮。

　　「知識的分享」，對求學中的學生而言，同儕之間互切
磋、共琢磨的影響力，不亞於老師在課業上的講解，所以《禮
記‧學記》上說：「獨學而無友，則孤陋而寡聞。」，又如
孔子所說的：「三人行，必有我師焉，擇其善者而從之，其
不善者而改之。」《論語‧述而篇》同儕間筆硯相親的學習，
不僅可以發揮團隊精神，在觀摩學習中，分享學習經驗與心
得，進而傳播資訊，可以說是一舉數得的學習方式，值得大
家推廣。

二、經由學習組織，以產生知識創新

　　電腦與傳播科技的發展，正逐漸改變學生的學習方式及
教師教學的方式，知識的傳播不再是教學唯一的目標，協助
學生學習如何學習（learning how to learn）已成為廿一世紀重
要的教育目標之一。為配合終身學習的教育政策，各級學校
均強調資訊素養的培育，線上學習與協同教學的重要性[註4]。
因此加強「知識管理」的機制是刻不容緩的教育方針。

　　知識管理的柱石就是資料庫的建置，包括訊息處理、文
件管理、蒐尋引擎、入口網站、資料儲存、群組軟體、工作
流程、web 網路（取材自 Erik Jul 之講義）等。資料庫的建置
重點在於事先的認知規劃，以及相關資料的蒐集。例如：將
個人擁有的知識，轉變成共同享有；彼此的分工模組最後能

夠整合。學校中的圖書館，通常負責資料庫建置的工作，由
圖書館負責召集全校師生各司其職的分配工作，在持續的經
營管理及團隊學習的互助合作下，使共享過程持續，加值過
後的學習及創作成果才能展現出來。[註5]在知識管理的推動
下，建構學校成為有創造力的學習型組織，在一連串的累積
與傳遞、利用中，產生知識的創新，以增進學生學習的動機
及增廣見聞。

三、應用資源共享，來推動終身學習教育

多元化的教育目標已經跳脫傳統教學單方面的給予與接
受的直線過程，而是以雙向溝通為主要的方式。更重要的是
所傳遞的知識內容與談論的主題，已擺脫只是熟習教材內容
的窠臼，而成為培養學生具有主動學習的動力和自我學習的
方法，給學生魚吃，不如教導他們如何釣魚，如此才能達成
終身教育的標的。[註6]終身學習教育已成為廿一世紀的教育
主流，社會資源的應用和整合更進一步融入每一個人的生活
中，社會資源的統合包括了個人本身、周圍相關的個人群體，
以及整個大環境。整合式的教育方式，包括教學工具、模擬
學習、資訊素養、資訊科技與網路資源。（取材自OECD）為
使個人能夠適應瞬息萬變的社會，因此發展創新的能力，增
加工作生產力，並且能夠藉此培養自我的學習方式，建立終
身學習的教育機制，已經成為推動知識管理，順應世界潮流，
提昇社會進步及人才培育的重要指標。[註7]

參、現階段高職教育問題的探討與省思

回顧臺灣教育的發展，技職教育對創造國內經濟奇蹟功不可沒。尤其我國已經正式加入世界貿易組織（WTO）因此我國產業的發展及人力的需求，勢將面臨結構性的轉變。依據勞委會委託成之約教授所做的研究預測，二○○四年，運銷服務業的就業人口將快速成長，未來除了高階管理人力的需求，更需要大量基層服務的人才，而高職教育正是培育基礎技術人才的最佳場所。由此觀之，目前的中等教育改革政策，應該朝向輔導高職轉型的目標邁進，不宜輕言廢除高職，因為即使社會再多元，價值仍有其一定的歸趨，教材再多樣，教育仍有其一定的方向。[註8] 茲將現階段高職教育問題的探討與省思，條列說明如下：

一、重視資訊科技輕視人文素養，導致校園倫理日益式微

盱衡我們社會的發展，工商發達，功利之風猖獗，好逸惡勞的風氣充斥整個社會，以財富作為生活目標的價值取向，導致人文精神的沒落。而現階段的教育改革制度，脫離不了升學主義的窠臼，只著重智育的灌輸，而忽略了學生品格的陶融和文化的涵養，以致學生心靈閉鎖而短視，校園暴力事件屢見不鮮，社會亂象層出不窮。尊師重道的風氣已日漸式微，使得傳統的校園倫理受到嚴重的衝擊與考驗。

電腦科技文明一日千里，網際網路的推出，實現遠距教學的夢想，在「人人會電腦，個個會上網」的目標下，電腦走入了家庭、學校及社會，成為人類互通訊息最便捷的工具。

但是其負面的價值，卻不容我們掉以輕心。例如：盜用信用卡帳號、密碼，卻成為危害社會的犯罪工具；而色情網站氾濫，不僅戕害青少年的心靈，也使得青少年犯罪率節節昇高，形成社會最大的隱憂。

二、技職教育政策的變革，高職面臨轉型的困境

高級中等教育所扮演的角色至為重要，它承上啟下，居於承繼國民教育及進入高等教育之間的關鍵樞紐地位。未來高職在進行高職發展與轉型規劃時，需考慮上下學制銜接之原則。往上需維持高職學生之升學管道，往下則必須考量是否能招收到國中畢業生。因為若高職學生人數再持續下降後，其影響會往上擴散，也會對高等技職教育學校造成衝擊。目前高職教育的困境，是招生不足的壓力、人力資源失衡、產學脫節、政府才力困窘、課程銜接不良……等，是不容我們忽視的高職教育癥結。

由於各校在地理位置、社經地位、產業特性與組織文化等主客觀環境之不同，教育部對高職的轉型與發展不作統一且強制性的規定。而是尊重各校自主意願，保留學校個別發展空間，主管機關則秉持學校本位管理的精神，採輔導而不介入方式協助學校順利轉型，以維持永續經營，繼續擔負教育的重責大任。[註9] 上述教改政策的轉變，是臺灣職業學校師生所樂觀其成的。

肆、高職教育發展之願景─推動知識管理，提昇人才培育

　　面對知識經濟時代的來臨，經濟社會結構的快速變遷，未來人力資源將會主宰整個經濟市場。盱衡我國各級學校的教育現況，最大的癥結仍是墨守舊規，缺乏創新求變的機制，也就是缺乏「知識管理」的理念。所謂「知識管理」，就是透過知識的統整與創新，有系統、有計劃地將知識應用於學校實務上，不但賦予學校發展過程中所需的動態，同時亦能不斷檢視和覺察學校本身所應承擔的責任，作為引導學校教育朝向多元化發展的指導方針。^{（註 10）}如何完成知識經濟時代的教育改革目標，這是邁向二十一世紀的一項重大挑戰。每位為人師表，的確應該培養宏觀的視野及終身學習的理念，以增進自己之專業知能，發揮「知識管理」的教育功效，進而造就出優良的國民，以厚植國本。茲述如何推動知識管理，以提昇人才培育之管見如下：

一、提昇教師專業素養，以落實知識管理機制

　　《禮記》上說：「師嚴然後道尊，道尊然後民知敬學。」師道的尊嚴，植基於教師的敬業精神與專業素養。每位教師是學校知識管理的核心，應該擔負起建構全校為一個具有創造力的學習型組織。一般而言，教師個人知識屬於內隱知識的範圍，存在於個人身上與個別情境有關，是主觀而獨特的；而外顯知識則存在於團體中，比較具體且客觀。根據 Gatbom（1987）提出教師可經由五種專業成長模式來促進專業知能

149

的成長,其歷程分別是(一)專業對話(professional dialogue)、(二)課程發展(curriculum development)、(三)同儕視導(peer supervision)、(四)同儕指導(peer coaching)、(五)行動研究(action research)等五種方式,發揮團隊精神,互助合作,擬定一套可行的教學計畫,及解決教學問題的途徑,以落實知識管理的機制。[註11]

教育的成敗,實繫於教師的良窳,所謂「良師興國」,洵非虛言。廿一世紀教育挑戰的重點,在於資訊教育的普及與人力素質的提昇。數位化的學習內容,將人們帶入一個虛擬的世界,為了迎接資訊時代學習工具的變革:電子書、電子期刊與虛擬圖書館的相繼推出,建構出永續經營的學習網站,已成為教師應該具備的專業學養。因此每位教師,應該充實自己的資訊專業知識,並且運用科際整合的方法,設計有創意的課程,營造良好的學習環境,輔助學生認真學習,以提昇教學成效,並且利用遠距教學,傳遞文化的精髓。[註12] 未來的資訊科技將提供更多的教學資源,以實現教師教學的創意與理想,並且可建立網頁,將學校相關資訊直接提供給社區分享。

二、推展多元智能教育,以培養具有全方位能力的國民

多元化的教育理念及多元智能的開發,已成為廿一世紀世界各國推動教育改革的重要目標。根據美國教育家迦納(Gardner)的研究,指出人類具有語言(Linguistic)、空間(Spatial)、邏輯/數學 Logic-Mathematical)、身體動作(Bodily-Movement)、音樂(Musical)、社會(Social)、

個人（Self），自然（Naturalist）等八項智能（Intelligence），
因此每位教師都應該體認孔子「因才施教」的真諦，用多元
的角度去看待每一位學生，啟發個人不同的潛能，以培養他
們的思考力及創造力，進而開創自己光明的未來。[註13]

多元智能的教學功能，可以促進中、小學教育的正常化、
多樣化，尤其在九年一貫課程即將實施、十二年國教的實施、
高中多元入學管道暢通的今日，我們樂見今後多元智能教育
制度的開啟，在教學活動中注入新意，引導學生適應「瞬息
萬變的社會」為學習的主軸，跨學科的整合，開啟學生全方
位的能力；智能教育與文化陶冶相輔相成，提供學生適性發
展的學習環境，進而培育學生朝德、智、體、群、美五育並
進的理想目標邁進，成為具有高智商（IQ）及高情商（EQ）
的現代國民，為臺灣的教育開創出新契機。

三、提昇全民英語能力，以營造國際化生活環境

隨著國際化與全球化腳步的接踵而至，英語已成為世界
公民交流時必備的溝通工具。因此如何提昇國民的英語能
力，以吸收外國文化的優點和經驗，使臺灣的文化與世界接
軌，進而提昇國家的競爭力，已成為教育改革的當務之急。
因此九十一年九月起，國小四、國一新生已實施九年一貫課
程，而教育部一直強調教師對學生的學習評量，應以「基本
能力」取代學科知識，以七大學習領域為學生學習的重心，
注重課程的銜接與統整。英語課程的規劃目標，在增進學生
對本國與外國文化的認識、培養學生學習英語的興趣與方法。

根據 Crystal（1997）在其所著「以英語作為全球的語言」

（English as a global language）一書中估計，在一九九五年全
球約有十二億至十五億人口使用英語（包括以英文為第一語
言、以英文為第二語言及以英文為外國語言）。要培養具有
國際觀之人才，要提昇全民英語能力，要加強國人對外國文
化的了解與欣賞，要了解國際事務，英語一已成為國家現代
化之必要條件。要改善當前英語教學問題，教育當局應及早
規劃師資、教材、課程、學程接軌等問題，為國家培育優秀
的人才做好充分的準備。首先英語教師必須營造良好的學習
環境，善用多種媒體教學或虛擬教室，透過現時道地的英語
材料，以模擬實地英語文化情境，讓學生置身其中，感受到
真實英語世界的脈動。（Shrum and Glosan，1994）在自然接
觸及雙向互動的練習中，刺激學生學習的動力，其次要提供
學生適當的課外讀物，強化他們的閱讀程度，以提昇高中生
在聽、說、讀、寫方面的能力，進而拓展新視野，及增進國
際文化知能，以因應全球化的需求。

四、落實網路遠距教學，以創造終身學習社會

電腦網際網路（Internet）自一九九三年開始興起，至今
短短的數年間，猶如雨後春筍般蓬勃的發展。網際網路的全
球資訊網可以傳送文字、聲音、影像、動畫等多媒體資料，
不但縮短了時空的距離，更使知識的傳播無遠弗屆，不斷出
現的各種網路網站則是最豐富的社會教育資源。[註14]

遠距教學的普遍與網路通信的發達，使得學者不一定需
經由傳統的學校教育習得所需的知能。在國際環境和工商業
活動急遽變遷的今日，教材和資訊也在迅速地更新，因此學

生應能取得即時更新的訊息，並具備決策執行的能力，而利
用電子郵件和網路是兩個主要的途徑（Matyska，1998）。依
據 Davis 和 Walker（1998）的說法，使用網路教學可增進學
習者口語、書寫、批判性思考、電腦使用、遠距通訊等技巧，
並可使學習活動更生動有趣，同時也能提供無限制的資訊，
及鼓勵合作學習、協力完成研究計畫、以及分享心得等好處。
此外，網際網路亦可提供教師獲得目前授課主題的資訊、與
其他教師分享教學計畫……等益處，以發揮知識管理之效能。

在知識經濟時代，跨國企業日漸增加之際，將來職校畢
業生與外國職工一起工作的機會大增，彼促進文化交流可協
助學生拋棄文化的狹隘主義（parochialism），並且提供來自
不同國籍、背景學生相互交流的途徑，因此，亦應鼓勵學生
利用電子郵件與外國友人進行交流，同時利用網際網路的線
上討論，加入外國討論群體的討論，其目的除在於增進學習
者的外文讀寫能力外，並可體會文化的差異，為將來在全球
化職場，與外國職工一起工作預作準備，而電子郵件與線上
討論的內容，亦構成學習歷程檔案的一部分，可以納入教學
評量的範圍。^{（註15）}

五、落實圖書館的教育功能，以營造書香社會

圖書館是書香社會的搖籃，它蘊藏國家文化的資源，負
有推展社會教育的責任，並且指導個人讀書的門徑和研究的
方法，所謂「大漢文章出魯壁，千秋事業藏名山」，正說明
圖書館是發揚文化，傳播知識最重要的基層事業。國家圖書
館館長莊芳榮說：「閱讀是一扇打開通往古今中外的大門，

可以跨越時空、打破人際藩籬、打造心靈地球村，而且通過
閱讀可以激發想像力與創造力、創造無限寬廣的成長空間。」
(註16)的確，閱讀是增進多元智慧的基本要件，同時可以刺激
大腦神經的發展，增強個人的組織能力，並且將古聖先賢的
智慧結晶，轉化為自己的知識，在知識的源頭活水中，使人
人智慧花朵開。

隨著教育改革的脈動，圖書館利用教育已成為追求卓越
知識的原動力。近年來，已經從推展教育的附庸，逐漸成為
高中職圖書館經營的重點項目。圖書館利用教育在培養學生
的治學能力與良好的閱讀習慣，並且知道怎麼利用工具書，
讓學生能夠自行查到需要的答案，以及能夠寫作標準的讀書
報告。圖書館利用教育包含學生整套的治學過程，因此應該
與教學活動相輔相成，圖書館利用教育的成敗，實繫於教師
觀念的溝通及積極熱心的參與，所以每位教師應指導學生善
用圖書館，以發揮圖書館的功效。

為了因應新世紀資訊科技的快速變遷，傳統的學習教育
已無法滿足學生的需求，因此前任教育部曾志朗部長為了貫
徹終身學習的教育政策，有效推動全民學習的風氣，積極提
倡閱讀運動，推廣國小、國高中班級讀書會，形成一股澎湃
的全民閱讀運動。其次，鼓勵各社區的民眾組織讀書會，互
相交換讀書心得，以落實「終身學習」及書香社會的目標。

六、提昇技職教育，以培育高科技人才

根據美國 1992 年 SCANS 報告，與澳洲自 1994 年起所展
開的全國教育改革政策，所提出全球化職場應具備的七項關

鍵能力，（一）資源的管理能力、（二）團隊的互動能力、（三）了解體制運作與行為績效的能力、（四）科技的運用能力、（五）英文的聽、說、讀、寫和基本數學演算能力、（六）高階的知性技能能力、（七）良好的人格特質能力。[註17] 正說明了為因應知識經濟時代的來臨，培養有創造力的人力資源，進而促進社會整體的發展與國家科技的進步，已成為世界各國致力於技職教育改革與提昇的重要目標。

教育部為了提昇我國的技職教育，除了規劃多元入學方案，在制度上，今後普通教育、技職教育與回流教育三管道可以互通與交流，以因應新世紀的需求，期使個人得到適才適性的發展。並且落實職業證照制度，加強職業訓練，改進技職教育課程，以加強學生的基本學科能力及職業道德的涵養。目前為了因應回流教育（recurrent education）的長程目標，並且開拓各種就學機會，教育部已於民國八七年積極籌劃開辦社區學院方案，以推動學校社區化為指標，讓學校成為社區民眾最重要的終身學習資源，並且滿足社區民眾的求知慾，以促進社區的繁榮進步，進而提昇民眾的生活品質。

伍、結語

二十一世紀是知識經濟的時代，世界管理大師彼得、杜拉克（Peter Drucker）曾經指出：「人類的歷史上，再也沒有比此時更重視知識的價值了。」的確，臺灣要迎向二十一世紀的國際競爭，就要落實知識管理的教育目標，全面推展學習型組織，培養能夠終身學習的國民。「知識管理」是提昇學校教育效能之重要方針，更是培育人才，提昇國家競爭力

的磐石。因此今後教育的發展，不能再侷限於知識的灌輸而
已，必須引導學生懂得主動學習、思考問題、自我探索，並
且以宏觀的視野，獨立自主的創造思考力，來因應國際地球
村的變遷。

　　在全球以知識經濟為導向的時代中，知識已成為新世紀
競爭的關鍵；國力的盛衰，將取決於知識的運用與發展，而
國民的知識與才能，是國家最大的財富資源，因此良好的教
育制度，是推動國家進步的原動力。高職教育的願景，應該
推陳出新，有所變革，配合國家政治、經濟、科技的發展，
與產學合作，落實高中職社區化的目標，以建構適性學習社
區。並且鼓勵學生努力追求新知，加強創新與應用的能力，
進而接軌全球化，以提昇國家的競爭力。

附註：

1. 見劉漢癸「教育行政與知識管理」
   http://web.ed.ntnu.edu.tw/-minfei/curriculum/90eduadmintopic
   （full）-5.htm，頁 2。
2. 見吳清山「提昇學校競爭力的理念與策略」臺灣教育，613 期，
   2002 年 2 月，頁 9。
3. 見劉春銀「知識管理在高中圖書館的角色
   http:www.gaya.org.tw/yournal/m30/30-manal.htm.
4. 見林珊如「從教師知識分享與資源共享談教育效能之提升」，
   教育資料與研究，第 45 期，91 年 3 月，頁 19。
5. 見黃慕萱「知識管理與教育效能之提昇」，教育資料與研究，
   第 45 期，91 年 3 月，頁 8。
6. 見黃慕萱「知識管理與教育效能之提昇」，教育資料與研究，
   第 45 期，91 年 3 月，頁 5。

7. 見葉乃靜「知識經濟發展的省思」，圖書館學與資訊科學，27
（1），頁 79-84

8. 見林安梧《臺灣文化治療─通識教育現象引論》黎明文化第 68
頁。

9. 教育中部辦公室〈我國高職教育定位與未來發展方向〉九十二
學年度高級職業學校圖書館工作研討會 2002 年 11 月 17 日　第
71 頁　。

10.陳治能翻譯公民 2000 年教育宣言─從全人教育觀點（Education
2000Aholistic Perspective）第 1─6 頁
http//www.stut.edu.tw/cfte/bookreading/good work/edu 2000.htm。

11.見吳政達「知識管理與學校行政」，教育資料與研究，第四十
五期，91 年 3 月。頁 27-28。

12.見溫玲玉、王興芳所著《美國學術與職業課程整合》的推展及
其對我國的啟示 2003 年教育研究資訊十一卷四期第 139 頁。

13.見林家永:「多元智能的開發」，臺灣月刊 596 期，民國 89 年 8
月，第 8、9 頁。

14.見侯志欽「新傳播科技與社會教育」，社教雙月刊第十五頁，
一九九八年四月。

15.見戴文雄、陳明哲、蕭瑜涓「商業科系學生在全球化職場應具
備的工作能力與全語言教學策略」，臺灣教育 598，89 年 10
月，頁 27。

16.見國家圖書館館長莊芳榮，全國新書資訊月刊，2003 年 4 月，
頁 1。

17.見戴文雄、陳明哲、蕭瑜涓「商業科系學生在全球化職場應具
備的工作能力與全語言教學策略」，臺灣教育 598，89 年 10
月，頁 22。

國家圖書館出版品預行編目

不畏浮雲遮望眼：回首教改來時路 / 謝淑熙著.
-- 一版. -- 臺北市：秀威資訊科技，
2005 [民 94]
面；　公分. --（語言文學類；PG0135）
ISBN 978-986-7263-30-8（平裝）

1. 教育改革 – 論文，講詞等

520.7　　　　　　　　　　94007786

 語言文學類　PG0135

不畏浮雲遮望眼──回首教改來時路

作　　者 / 謝淑熙
發 行 人 / 宋政坤
執行編輯 / 詹靚秋
圖文排版 / 劉逸倩
封面設計 / 羅季芬
數位轉譯 / 徐真玉　沈裕閔
圖書銷售 / 林怡君
網路服務 / 徐國晉
法律顧問 / 毛國樑律師
出版印製 / 秀威資訊科技股份有限公司
　　　　　台北市內湖區瑞光路 583 巷 25 號 1 樓
　　　　　電話：02-2657-9211　　　傳真：02-2657-9106
　　　　　E-mail：service@showwe.com.tw
經 銷 商 / 紅螞蟻圖書有限公司
　　　　　台北市內湖區舊宗路二段 121 巷 28、32 號 4 樓
　　　　　電話：02-2795-3656　　　傳真：02-2795-4100
　　　　　http://www.e-redant.com

2005 年 5 月 BOD 一版
定價：180 元

讀　者　回　函　卡

感謝您購買本書，為提升服務品質，煩請填寫以下問卷，收到您的寶貴意見後，我們會仔細收藏記錄並回贈紀念品，謝謝！

1. 您購買的書名：_____

2. 您從何得知本書的消息？

　　□網路書店　　□部落格　　□資料庫搜尋　　□書訊　　□電子報　　□書店

　　□平面媒體　　□ 朋友推薦　　□網站推薦　□其他_____

3. 您對本書的評價：(請填代號　1.非常滿意 2.滿意 3.尚可 4.再改進)

　　封面設計____　版面編排____　內容____　文/譯筆____　價格____

4. 讀完書後您覺得：

　　□很有收獲　　□有收獲　　□收獲不多　　□沒收獲

5. 您會推薦本書給朋友嗎？

　　□會　　□不會，為什麼？_____

6. 其他寶貴的意見：_____

_____

_____

_____

讀者基本資料

姓名：_____　年齡：_____　性別：□女 □男

聯絡電話：_____　E-mail：_____

地址：_____

學歷：□高中(含)以下　　□高中　　□專科學校　　□大學

　　　□研究所(含)以上 □其他_____

職業：□製造業 □金融業 □資訊業 □軍警 □傳播業 □自由業

　　　□服務業 □公務員 □教職　　□學生 □其他_____

(請沿線對摺寄回,謝謝!)

秀威與 BOD

BOD（Books On Demand）是數位出版的大趨勢，秀威資訊率先運用 POD 數位印刷設備來生產書籍，並提供作者全程數位出版服務，致使書籍產銷零庫存，知識傳承不絕版，目前已開闢以下書系：

一、BOD 學術著作—專業論述的閱讀延伸
二、BOD 個人著作—分享生命的心路歷程
三、BOD 旅遊著作—個人深度旅遊文學創作
四、BOD 大陸學者—大陸專業學者學術出版
五、POD 獨家經銷—數位產製的代發行書籍

BOD 秀威網路書店：www.showwe.com.tw
政府出版品網路書店：www.govbooks.com.tw

　　永不絕版的故事・自己寫・永不休止的音符・自己唱